Qu'est-ce que le système capitaliste néolibéral ?

Questions contemporaines

Chômage, exclusion, globalisation… Jamais les « questions contemporaines » n'ont été aussi nombreuses et aussi complexes à appréhender. Le pari de la collection « Questions contemporaines » est d'offrir un espace de réflexion et de débat à tous ceux, chercheurs, militants ou praticiens, qui osent penser autrement, exprimer des idées neuves et ouvrir de nouvelles pistes à la réflexion collective.

Dernières parutions

Maxime NECHTSCHEIN, *La décroissance est-elle possible ? Entre les lois de l'Univers et le rêve politique*, 2025.
Paul-Henri TROLLÉ, *Le vain pouvoir*, 2025.
Philippe DEROUETTE, *Frugalité, la clé d'une sobriété réussie*, 2025.
Lory GARCIA, *L'isolement des personnes avec un Trouble du Spectre de l'Autisme. Entre solitude et inclusion,* 2025.
Triantafyllia KADOGLOU, *La question féminine, Chronique d'un drame culturel mondial sans fin*, 2025.
Floyd NOVAK, *Mettons fin au productivisme, Pour une transition écologique radicale*, 2025.
Jean MELEUX, *Manifeste d'un citoyen engagé. Des propositions concrètes pour sortir de l'impasse*, série « Que faire ? », 2025.
Esin EKIZOGLU, *Vers les territoires mobiles émergents. De l'objet technique singulier aux pratiques urbaines partagées*, série « Questions urbaines », 2025.
Jean-Dominique SÉVAL, *La fin de Babel et autres effets inattendus de la révolution numérique*, 2025.
Richard BATHOUM (dir), *Racisme institutionnel, école, police, entreprise*, 2025.
Marie-Madeleine DAMIEN, *Patrimoine des conflits : Interprétation et réconciliation des mémoires, Vers l'éligibilité du champ mémoriel au Patrimoine mondial de l'Humanité*, 2025.
Yves RAYNAUD, *Contre le pouvoir, Les Faiblesses des Hommes forts*, 2025.
Anna IGRANAÏSSI, *Instruire, manifester, démissionner*, 2025.

Jacques Langlois

QU'EST-CE QUE LE SYSTÈME CAPITALISTE NÉOLIBÉRAL ?

L'Harmattan

5-7, rue de l'École-Polytechnique - 75005 Paris

www.editions-harmattan.fr

ISBN : 978-2-336-57062-4

EAN : 9782336570624

Sommaire

Avant-propos de l'éditeur

Le mot circule partout, mais qu'en savons-nous vraiment ? Le néolibéralisme n'est pas seulement une idéologie économique : c'est une manière de penser, de gouverner, de vivre, souvent sans même en avoir conscience. Il façonne nos choix collectifs, nos comportements individuels, nos attentes, nos renoncements.

Cet essai est le fruit d'un long parcours intellectuel, jalonné par plusieurs ouvrages antérieurs. Il condense des années de recherche et de réflexion critique. Jacques Langlois y poursuit son travail de déconstruction des évidences contemporaines. Il y mêle une approche politique rigoureuse et une lecture anthropologique du réel, attentive aux formes invisibles de consentement, d'adhésion ou de fatigue que produit le système.

Sans céder à la technicité ni au simplisme, il démonte les rouages d'un modèle qui prétend être neutre et sans alternative. Il éclaire ses origines, ses logiques cachées, ses contradictions profondes. Et surtout, il ouvre la voie à une autre manière de penser le monde : peut-être plus libre, plus juste, plus humaine.

C'est cette volonté de nommer, d'analyser et de questionner les logiques dominantes qui s'inscrit pleinement dans l'esprit de la collection Questions contemporaines. Fidèle à sa vocation, elle accueille des essais qui interrogent les angles morts de nos sociétés, qui déstabilisent parfois, mais nourrissent toujours la réflexion critique.

Abdu Gnaba

Directeur de la collection *Questions contemporaines*

Introduction :

pour une synthèse sur le néolibéralisme

Dans cet essai, nous décrivons un système-monde né en 1945 sous l'égide dominatrice des USA. C'est le système libéralo-capitaliste (SLC) néolibéral qui articule un centre de direction avec des périphéries dominées. Ce n'est pas le système capitaliste décrit par Marx et bien d'autres. Nous ne nous en occupons pas ici… Nous verrons du SLC sa logique pratique de fonctionnement quasiment automatique et son processus de mise en place. Celui-ci n'a rien d'évolutionniste, de déterministe. Ce n'est pas non plus un complot. C'est avant tout un ensemble de pratiques réactives à des événements, des circonstances, des évolutions. C'est largement le résultat d'un opportunisme des acteurs orientés par la doctrine libérale, convaincus de la pertinence de la théorie économique classique et néoclassique. C'est avant tout le résultat d'adaptations à des mutations imprévisibles à l'intérieur d'un cadre social et libéral de pensée.

L'actuel système libéralo-capitaliste (SLC), issu du libéralisme des Lumières et réajusté profondément par le néolibéralisme du XXe siècle, est moribond. Ce n'est pas une prédiction ou l'effet d'un déterminisme. C'est la conséquence de sa propre dynamique ou logique d'action qui a détruit le climat, la planète, les nations, les cultures et communautés, les systèmes sociaux et les cadres sociaux de l'action collective. Il a aussi fini par abattre le système multipartite des relations internationales pour déboucher sur de purs rapports de force entre pays. À force de prôner la compétition, souvent sauvage, il a conduit à un protectionnisme nationaliste, un populisme antidémocratique, une forte poussée des démocratures, à la montée d'un grand Sud (autour des BRICS) opposé à l'impérialisme occidental. Il a amené, sans doute à la possibilité d'une guerre mondiale entre civilisations et surtout à la crise climatique et de la biodiversité. Il est temps d'en dresser un état avant dépôt de bilan pour cause de catastrophe, notamment d'une possible guerre de tous contre tous pour s'emparer de ressources raréfiées… Cela dépend d'une analyse de sa nature, de sa logique totalisante, pour ne pas dire totalitaire et par des considérations historiques sur son développement. Pour ce faire, nous partirons des pratiques libérales et non de la théorie, notamment économique. Au passage, nous insisterons sur le fait que le libéralisme a évolué sans cesse. Il est passé du libéralisme des Lumières (suivi du néoclassicisme de l'utilité marginale) au néolibéralisme lié à la mondialisation des économies et à la financiarisation mondiale des économies et des pays. On en trouve encore un dosage des trois en fonction de l'histoire et des formations sociales géographiques, mais celui-ci dépend largement des pratiques des libéraux, politiciens ou puissants économiques et financiers. C'est ici que la fiscalité joue un rôle essentiel dans les différentes pratiques des libéralismes.

Ce que nous allons faire, de façon concrète, claire, lisible par tous, c'est « déconstruire » le système néolibéral en tant qu'ensemble systémique de pratiques. Pour les différentes formes du libéralisme, ce qui compte le plus, c'est la pratique bien plus que les théories. Ce qui ne veut pas dire qu'il faut répudier les analyses savantes, dont le défaut est de n'être pas assez lisibles pour tout le monde. Le but essentiel est de faire comprendre que nous sommes, depuis la victoire du néolibéralisme sur le modèle communiste (chute du mur de Berlin, en 1989, et de l'URSS, en 1991), dans un système global. Ce dernier est articulé, car toutes les dimensions de l'action sociale y sont interdépendantes et interpénétrées tout en restant relativement autonomes et différentes… Mais elles sont unifiées et mises sous l'emprise d'une logique unique de fonctionnement forcé qui dirige ce système de façon quasiment automatique. Cette logique, qui repose sur, en quelque sorte, des lois implacables, ne vient pas du ciel, n'est pas un effet d'une détermination historique, mais est la résultante d'évolutions acceptées et de prises de décision souvent aléatoires. Elles sont gouvernementales et voulues, en fonction d'opportunes circonstances, par des élites imprégnées de néolibéralisme. Le SLC est né lors du colloque Lippmann tenu à Paris, en 1938, repris par l'ordolibéralisme allemand (libéralisme libre-échangiste imposé par le droit constitutionnel) et le libéralisme absolu (anglo-saxon et proche des libertariens qui entendent revenir à une dérégulation laissant aux entrepreneurs toute latitude d'action comme au temps des « barons voleurs ») édicté sous Mme Thatcher et M. Reagan fin 1979, début 1981. L'effet est la mise en place « d'un fait social total » (Mauss), d'un système d'ensemble quelque peu coercitif, d'un « bloc historique » de domination hégémonique. Celui-ci est tout à la fois politique, économique et culturel (Gramsci). Il montre la « triple alliance du sabre, de l'autel et du coffre-fort » (Proudhon), les rapports de production capitalistes (Marx).

Ce système avait été pressenti et déjà bien analysé, alors qu'il n'existait pas encore, par l'approche proudhonienne de la domination politique sous toutes ses formes et par l'analyse marxienne de l'exploitation économique dans le régime capitaliste de production. Marx et Proudhon, qui se sont opposés en leur temps, ne sont pas à évincer, ni l'un ni l'autre, car leurs démarches convergent et se complètent dans la critique d'un système qui « en même temps » exploite et domine. On en connaît les résultats effectifs aujourd'hui. Or, pourtant, la critique de Marx et celle de Proudhon, celles du « socialisme utopique » et du « socialisme scientifique », auraient pu l'empêcher. Las, il aurait fallu tenir compte davantage des rapports de force, des déséquilibres de pouvoirs, des méfaits des démocraties en trompe-l'œil. Mais ce qui a compté le plus, c'est la fantastique plasticité d'un système capitaliste qui a su exploiter les découvertes scientifiques et les sociétés humaines afin de s'adapter tout en renforçant son emprise sur l'imaginaire (au sens de Castoriadis) des hommes et des groupes sociaux. Il ne faut pas oublier que cela fut facilité par un énorme travail idéologique et culturel de promotion du néolibéralisme à la fois :

– Dans les milieux économiques (notamment via les écoles de commerce et de management),

– Dans les universités où l'approche néolibérale micro-économique dite de la Théorie de l'équilibre général, TEG, devint monopoliste. Elle s'appuya en outre sur le monétarisme de Friedman, la théorie des choix publics de Buchanan et la théorie des choix rationnels de Gary Becker,

– Dans des réservoirs de pensée (*Think Tanks*, comme le socialiste Terra Nova !), des clubs, des associations, des fondations, des coteries de « penseurs » inféodés idéologiquement,

– Dans les sphères administratives et chez les politiciens, notamment en France via l'Ena et Sciences Po, dans des universités acquises à l'idéologie néolibérale. C'est ce que Proudhon appelait « les séminaires de l'aristocratie » et Bourdieu « la noblesse d'État »,

– Dans les instances internationales mises en place par les USA après la Deuxième Guerre mondiale (FMI, Banque mondiale, banque des règlements internationaux, BRI et même l'ONU),

– Par l'unification libérale de la comptabilité effectuée par un « organe » privé, l'International Accountant Standard Board (IASB).

– Par la création d'un PIB purement monétaire et quantitatif pour mesurer la croissance sans prendre en compte « les dégâts du progrès » (CFDT),

– Par le développement d'organisations internationales d'esprit libéral (G7 puis G20, OCDE, Cnuced de l'ONU) ; sans oublier les BRICS (Brésil, Russie, Inde, Chine, Afrique du Sud), pays auxquels se joignirent d'autres États par la suite. Nous y trouvons actuellement avec les premiers BRICS : Afrique du Sud, Éthiopie, Indonésie, Égypte, EAU, Iran. Les BRICS, concurrents du G7, s'inscrivent malgré eux dans le cadre du capitalisme mondialisé. Les BRICS sont la base d'un futur Grand Sud en voie de constitution contre le monde occidentalisé parce qu'il continue de les exploiter,

– Par les oukases des agences de notation, par les normes des cabinets de consultance (genre KPMG ou McKinsey) et de *benchmarking* (comparaison).

En outre, la normalisation mondiale du commerce international (Gatt, *General Agreement on Tarifs and Tax*, remplacé, en 1995, par l'OMC, Organisation mondiale du commerce) répand une conception totalement libérale par suite de la clause de la nation la plus favorisée qui s'impose ensuite à tous les autres accords commerciaux. L'OMC comprend un Organe de règlement des différends (l'ORD), sorte de justice arbitrale commerciale hors États. Cela a installé une conception standard des échanges sur la planète. Ce processus de longue haleine de normalisation et de propagande tous azimuts a porté ses fruits. Pendant ce temps, la pensée socialiste se sclérosait et s'arrêtait à un marxisme sommaire psittacisé par une social-démocratie routinière. Las, l'OMC est bloquée depuis 2020, car le grand Sud n'accepte pas que les investissements, la finance, l'environnement et la propriété intellectuelle soient exclus des traités de commerce. En outre les USA veulent imposer l'extraterritorialité de leur droit à tout le monde et refusent les jugements de l'ORD.

Il est important de bien distinguer la théorie, l'idéologie de la pensée libérale, qui servent de justification, des pratiques capitalistes. Celles-ci sont souvent fort loin, comme la spéculation financière, d'en respecter l'aspect normatif ou même les préconisations théoriques. La pensée libérale des Lumières nous a apporté les libertés individuelles, subjectives et politiques (en détruisant les pouvoirs absolutistes, les aristocraties, les obscurantismes religieux, les préjugés traditionnels, les servitudes personnelles) et le droit de penser de façon critique par soi-même (le *semper audere* de Kant). C'est un acquis indépassable. Mais sa lutte contre les traditions et les obstacles aux libertés économiques d'entreprendre sans limites (par exemple en interdisant les corporations et les coalitions avec le décret d'Allarde et la loi Le Chapelier en 1791 pendant la Révolution française) a permis le développement du capitalisme d'accumulation sans bornes. C'est cette maximisation du profit que les premiers socialistes ont combattu dès le début du XIXe siècle. Les ravages de ce capitalisme, décrits et critiqués notamment par le Dr Villermé, Dickens, Zola, étaient justifiés par la doctrine libérale assise sur l'absolutisme de la propriété et la totale liberté d'entreprendre quand on possédait les moyens de production. Ce n'est qu'après la Deuxième Guerre mondiale que furent dressés des obstacles, via l'État-providence, à la liberté sans frein du capital et que le salariat obtint des règles protectrices contre la rapacité des capitalistes. Et c'est ce rééquilibrage des forces que la révolution néolibérale a démoli. Il faut observer que l'idéologie néolibérale productiviste a su se combiner avec les nouvelles pratiques financières d'un capitalisme étendu à l'échelle mondiale comme logique générale imposée à tout le monde. N'oublions pas cependant que cette convergence entre la justification théorique et les comportements économiques réels n'est pas perpétuelle. On l'a vu avec le passage du capitalisme de production à la financiarisation générale des économies, celle qui a déjà conduit au *krach* de 2008 (la crise des « subprimes »).

Dans mes essais précédents, j'ai abordé de multiples aspects du capitalisme concret (celui que j'ai nommé le SLC ; Système libéralo-capitaliste) et du néolibéralisme idéologique, notamment dans la culture et les institutions normatives. Dans ce nouveau texte, j'essaie d'en dresser une synthèse et une sorte d'histoire mettant en relief l'aspect totalisant du système capitaliste néolibéral actuel qui gouverne le monde entier, y compris ses opposants. C'est une approche par les pratiques bien plus que théorique. Par exemple, on peut dire que la Chine, pourtant communiste et totalitaire, est un nouvel État périphérique des USA. En effet, il existe une collusion de fait (une sorte d'osmose) entre les déficits budgétaires et commerciaux américains et le fait que la Chine achète (de moins en moins) les bons du Trésor US. Les USA sont fort endettés et la Chine, en 2023, détient environ 773 milliards de dollars de cette dette. C'est pourquoi Trump va s'empêtrer dans sa guerre des droits de douane avec la Chine malgré la capitulation honteuse de l'UE.

Dans le corps du texte, j'ai repris la forme des études que Proudhon avait employée dans son magnifique *De la Justice dans la Révolution et dans l'Église* (1858). Cela montrera plus aisément les multiples facettes du kaléidoscope qu'est le néolibéralisme SLC. Cela mettra en évidence que les dimensions de ce dernier se recoupent, se mélangent, se traversent, se connectent, s'interpénètrent de façon à constituer une citadelle aujourd'hui presque inexpugnable. Par conséquent, des redondances apparaîtront, mais cela est un corollaire nécessaire de ce qu'un même fait, un même événement, une même structure ou élément ont dans la réalité vécue plusieurs aspects pratiques indissociables. Par ailleurs, cela montrera souvent la même appartenance à un système global, le système-monde, articulant centre dominant et périphéries dominées. Du reste, j'ai renoncé à hiérarchiser ou regrouper les choses par suite de la complexité du système. Je commencerai néanmoins par ce qui me semble être à la base dudit système, du moins comme justification idéologique. C'est pourquoi, dans une première partie, nous verrons les fondements ou soubassements idéologiques des libéralismes, soit le libéralisme classique et originel et sa déformation néolibérale, de même que les pratiques correspondantes qui s'éloignent souvent de la doctrine. On peut considérer que ce que nous verrons ainsi : la conception de la nature humaine, de la société et des relations sociales, la totalité automatisée du SLC et la fausse démocratie, le rôle essentiel de la fiscalité (notamment par rapport à la justice sociale), donne les « variables de commande » (décrites par l'analyse système) de la combinaison de l'idéologie néolibérale et des pratiques dudit SLC. Dans une deuxième partie, nous en examinerons les « variables secondaires d'action » ou les aspects essentiels, mais surdéterminés et plus accompagnateurs ou adjuvants que fondamentaux. La conclusion nous fera nous demander pour quelles raisons le monde occidentalisé, notamment celui de l'UE, en est arrivé là et pourquoi le système libéralo-capitaliste en place est si difficile à démanteler bien qu'il soit à bout de souffle et de plus en plus contesté par ce qu'on appelle désormais le grand Sud et des régimes totalitaires. En outre, on sait, mais ce n'est pas notre objet, que ce néolibéralisme sans régulation a amené : crise climatique, raréfaction des ressources, guerres, populismes nationalistes, démocratures, primat de la force sur la diplomatie. La catastrophe est imminente si on ne peut juguler ce néolibéralisme dont les profiteurs qui, sentant sa mort prochaine, luttent pour le faire perdurer, notamment en démolissant les rares acquis écologiques.

L'avènement de Trump et ses premières décisions pourraient être un signal de la disparition du libre-échange néolibéral (amenée par sa guerre des droits de douane, le nationalisme et l'isolationnisme). Mais, en même temps, il est sans doute un drapeau pour une internationale illibérale (mais toujours néolibérale en économie) qui déjà progresse un peu partout dans le monde et met en danger la démocratie. Cette tendance, dont Trump n'est que le symbole, s'appuie sur un réflexe de peur de bien des gens devant les immenses catastrophes et incertitudes qui, aujourd'hui, pèsent sur le monde. Celui-ci ronronnait dans les automatismes du néolibéralisme et à l'abri, supposé, du parapluie militaire américain. Apeurées, bien des populations tendent à demander, comme les grenouilles de La Fontaine, un roi, un pouvoir fort, une foi religieuse qui les protégerait. C'est une illusion exploitée par les droites extrêmes depuis fort longtemps. Trump révèle l'agonie d'un monde finissant, mais, actuellement, sans solution de transition crédible. L'Ancien, quoique divisé en champs autonomes (territoires ou domaines d'action ou positions politiques), était cependant uni par une logique transversale et commune, à savoir le néolibéralisme ayant envahi tous les domaines de l'action sociopolitique et économique. Mon essai a deux buts fondamentaux : décrire le système néolibéral en place comme système intégral ; en décrypter la genèse. Ce monde est aujourd'hui mourant, mais pourrait persévérer si un autre modèle n'arrive pas à s'implanter. Je n'irai pas plus loin que cette croisée des chemins dont l'avenir réclame une approche géopolitique et une analyse approfondies.

PREMIÈRE PARTIE :

IDÉOLOGIE ET VARIABLES DE COMMANDE

Les libéraux des Lumières, puis à la fin des années 1970, les néolibéraux, ont fondé le modèle occidentalisé de société capitaliste et libérale sur des bases très particulières pour éradiquer les traditions, normes et règles sociopolitiques antérieures. Ces soubassements fondent une anthropologie, une conception des hommes, dont le socle est le droit naturel. Ils procurent une explication de la société et des relations sociales, débouchent sur une culture globale incorporée par la plupart des gens. Ils naturalisent un fonctionnement, une logique et un automatisme totalisant des pratiques sociales. Ils expliquent pourquoi la forme démocratique du pouvoir politique est indispensable à la légitimation du système libéralo-capitaliste. Dans ce cadre, la fiscalité est une arme pratique fondamentale. Au nom de cette théorie multidimensionnelle, les dirigeants ont pu s'emparer des variables de commande (dans l'UE on les repère aisément au fait qu'elles font l'objet de décisions à l'unanimité au Conseil européen ; les variables secondaires d'action relèvent plutôt de la majorité qualifiée) leur permettant d'installer et de perpétuer ledit système. Cette direction fait distinguer (selon Fernand Braudel pour l'économie monde, puis Immanuel Wallerstein que nous suivons sur la distinction centre-périphérie dans un système-monde global) entre un centre de domination-exploitation et une périphérie de dominés exploités dans un système global de division du travail et de coordination à l'échelle planétaire. C'est ce que nous allons maintenant analyser.

Nous ne récusons pas l'analyse sociétale de Bourdieu en « champs » autonomes mus par leur propre logique et leurs règles. Car nous découpons notre objet en domaines séparés pour la clarté de l'analyse. Cependant, il ne faudra pas oublier que lesdites dimensions du système libéralo-capitaliste néolibéral sont régies par la même logique : individualisme, concurrence, maximisation des profits, justification utilitariste de la violence. Ici, nous décrivons les bases de la construction de ce qui a abouti à l'hégémonie du « bloc historique » capitaliste, néolibéral puis financier sur la terre entière quoiqu'il en coûte pour la planète, les groupes humains et les individus.

Étude I :

Une anthropologie naturaliste obsolète

On oublie souvent, surtout dans les Saintes Écritures de la doxa néolibérale enseignée dans « les séminaires de l'aristocratie », propagée dans les médias et les réservoirs de pensée susurrés par les politiciens *up to date* comme maître Macron et son valet Attal, que le néolibéralisme est fondé sur une conception de la nature humaine. Le libéralisme antérieur, lui, disposait de deux voies.

L'hobbesienne où l'humain est à la fois passionnel (les passions négatives ou tristes » de Spinoza), d'où la peur d'être tué et dépossédé, et raisonnable, d'où le calcul, effectué par tout le monde, car le bon sens est la chose la mieux partagée au monde (Descartes). C'est pourquoi Hobbes préconisait de donner tout le pouvoir de régulation, d'arbitrage et de sanction à un tiers, souverain absolu, seul muni de « la violence légitime » afin d'assurer la sécurité de tous.

La voie rousseauiste plutôt axée sur une bonne nature humaine, tout à fait égalitaire, mais dépravée par la société. Dans le néolibéralisme, le bon sauvage a disparu pour réduire l'humain à ses intérêts, à ses « utilités » ou préférences considérées comme constantes. Généralement, quel que soit le type de libéralisme, la nature humaine est considérée comme innée, universelle, fixiste, essentialisée, ce qui est démenti par les sciences sociales actuelles.

Cette approche, d'abord libérale au temps des Lumières, provient d'une époque où on ne parlait que de droit naturel, c'est-à-dire d'une nature humaine perpétuelle et universelle, fixée une fois pour toutes. Elle est immuable, repérable sous toutes les latitudes et, pour les croyants, donnée par Dieu. Par nature, l'humain veut persévérer dans son être (Spinoza), ce qui suppose qu'il réponde à ses besoins par son travail, lequel devient lui aussi une caractéristique naturelle (Locke), lequel fait que la propriété, acquise par ledit travail, est, elle aussi, parfaitement légitime, car issue de la nature humaine. Cette idée de la nature humaine a été largement controuvée par les travaux des anthropologues modernes qui ont « en même temps » prouvé que la propriété individuelle n'était pas universelle, ni le patriarcat, ni l'État.

En réalité, il n'existe pas de nature humaine armée de pied en cap ; celle-ci n'est qu'un potentiel, une composition (Proudhon) de possibilités qui s'actualisent ou non dans les groupements (y compris la nation) de socialisation des individus. Il n'est pas indifférent que Mme Merkel ait été élevée en RDA et dans un milieu luthérien. Les Pueblos sont pacifiques de père en fils alors que les Apaches sont belliqueux (Margaret Mead). Wilhem Reich a montré que la personnalité autoritaire se transmettait. L'anthropologie a prouvé qu'il existait ou avait existé des sociétés matriarcales, des tribus égalitaires, des « sociétés sans État » (Clastres), des communautés solidaires fondées sur l'altruisme et le sens de la collectivité au lieu de l'individualisme exacerbé du néolibéralisme. Elles sont respectueuses de la Terre

(Pachamama) au lieu de l'exploiter de façon éhontée. Ces communautés culturelles disposent de « patterns » procurant « une personnalité de base ». Toute personne demeure un mélange de demande d'identité et de reconnaissance personnelles et de propension à l'entraide, à la mutualité, au respect de l'autre « comme un autre soi-même » (Ricœur). Cela ne signifie pas que les passions négatives et destructrices des liens sociaux (égoïsme, envie, mégalomanie, avarice, etc.) disparaissent.

Cela veut dire qu'il y a des civilisations, des cultures, des « formations sociales », etc., qui en favorisent la mise en place et la perpétuation. De ce point de vue, le néolibéralisme, qui justifie les comportements capitalistes et concurrentiels, promeut l'individualisme égoïste et narcissique et adore la compétition, a pour effet de détruire les liens sociaux. Il en fait même la norme du bon comportement que chacun devrait adopter. Ce n'est pas par hasard. En effet, l'individualisme atomistique d'isolement de chacun dans ses volitions est indispensable au développement des ventes qui assurent la croissance des profits en univers SLC. Car, si la consommation devient purement individuelle, alors les possibilités de vente sont multipliées. En effet, une grande famille élargie mutualise les moyens dont elle se sert : une seule télé, un seul lave-linge, un combi Volkswagen au lieu de plusieurs voitures personnelles, etc. C'est ce que firent aussi les communautés hippies des années 1970. Pour les mêmes raisons, le SLC n'aime pas la solidarité, les assurances mutuelles, les coopératives, les biens communs qui font foisonner les usages au niveau d'un groupe au lieu de consommations individuelles. Le collectif solidaire, voilà l'ennemi mortel du consumérisme individualiste ! Et il ne faut pas sous-estimer que cette anthropologie est favorable à la violence qui peut résulter de la compétition. Ce culte de la violence a été magnifié sur les écrans, à la télé, dans les jeux vidéo, les « blockbusters » US. Les westerns, les films de guerre, les films policiers furent des moyens de propager le primat de la force violente dans les rapports sociaux (du reste le plan Marshall avait exigé qu'une des contreparties de ses prêts soit l'ouverture des pays emprunteurs aux films US ; Trump n'est pas le premier utilitariste américain). Il s'en dégage que les USA ont été fondés par MM. Colt et Winchester en commençant par exterminer les Indiens et à se servir d'esclaves noirs comme les premiers présidents des USA…

Le libéralisme des origines, celui des Lumières, n'a pas nié cette dualité des motivations humaines. Il l'a considérée comme naturelle et déterminée, inéluctable, constante, universelle. On ne saurait le lui reprocher, car cela faisait partie de l'état des connaissances de l'époque. S'en prendre aux philosophes et juristes des XVIIe et XVIIIe siècles est un sophisme qui projette nos savoirs et représentations sur des périodes historiques où elles n'existaient pas. C'est la pensée, hélas fort usitée de nos jours, de l'anachronisme. Cela, par exemple, nous ferait mettre au pilon l'œuvre d'Aristote sous prétexte qu'il était partisan de l'esclavage et de l'exposition des enfants mal formés. C'est une faute contre la rigueur des méthodes que de juger des gens au nom de critères inconnus à leur époque ! Hélas, c'est devenu une arme redoutable dans les actuelles disputes entre écoles de pensée et plus encore dans les débats politiques de « réductio ad hitlerum » et de « wokisme ».

En revanche, on peut se demander pourquoi, alors que les connaissances ont énormément avancé, le néolibéralisme maintient une anthropologie obsolète. Son contenu a même été en quelque sorte absolutisé. L'individualisme et les penchants belliqueux, le goût agonistique de la compétition, l'égoïsme (vice privé, mais vertu publique comme disait Mandeville), l'ambition volontariste, l'ostentation de soi et de ses biens, etc., ont été portés au pinacle. Ils sont devenus la norme de conduite pour tout le monde au nom de la responsabilité individuelle, de la liberté d'être soi et de se développer, par exemple comme « capital humain ». C'est parce qu'une telle attitude, valable pour chacun et donc tous, est favorable à l'accumulation incessante de marchandises et de capitaux, à la croissance, à l'expansion des profits via l'augmentation permanente de la consommation (boostée par la compétition de distinction sociale, la publicité, la mode, l'obsolescence programmée, le refus du recyclage et de la réparation, la stigmatisation du troc et de l'échange mutuel). On ne saurait trop insister sur le fait que la croissance, enregistrée dans le calcul du PIB, calcul qui contient à mauvais escient la consommation, arrange tout le monde : le pouvoir politique qui engrange des impôts et affiche la progression de l'emploi, les salariés dont la part de gâteau augmente sans que les règles de sa répartition changent, les patrons qui vendent sans augmenter de trop les salaires, les banquiers qui accordent des crédits à intérêt, etc. C'est ce qui explique que le pouvoir d'achat, en tant que solde entre les revenus et la consommation, est devenu un énorme enjeu dans le monde libéral.

Mais, sans doute, une deuxième et puissante raison explique que le néolibéralisme ne rectifie pas son anthropologie hyperindividualiste. C'est que cela a permis de remplacer la valeur-travail chère à Smith, à Ricardo et à Marx (car c'est la source fondamentale de toute valeur d'échange des marchandises, y compris la force de travail marxienne) par l'utilité inventée par les économistes néoclassiques de l'école marginaliste (Walras, Marshall, Jevons, Menger). Rappelons qu'il s'agit de micro-économie partant des conduites individuelles. L'utilité, c'est-à-dire l'intérêt personnel, est à la fois le fondement de l'ex-valeur d'usage et la référence pour la valeur d'échange. C'est calculable et déterminable, car cela permet d'établir les prix via la prétendue loi de l'offre et de la demande. C'est essentiel (par exemple, un Bitcoin électronique a atteint la valeur spéculative et fictive de 100 000 $ le 23 novembre 2024). Cela suppose néanmoins que chaque échangiste (comme pour tout contrat) soit libre individuellement de réaliser ses désirs (s'il en a les moyens ; demande solvable uniquement). Cela implique que les acteurs soient quasiment identiques dans leurs préférences (autre nom des utilités) afin de les amalgamer dans un consommateur standard. Cela permet les savants calculs de détermination de l'équilibre économique. On peut ainsi construire un modèle mathématique représentatif de l'économie, mais c'est un modèle réducteur qui gomme l'infinie diversité des désirs et besoins humains, l'incertitude de l'avenir, les relations sociales et même la société où l'économie est « encastrée » (Polanyi, *La Grande Transformation*). Et ce modèle a été pris pour une norme par les néolibéraux. Ce qui est à sauver, c'est la simplicité de la TEG (Théorie de l'équilibre général) au mépris de la complexité, de l'interdépendance des dimensions sociales, de l'incertitude radicale (non probabilisable), de l'incomplétude. Car c'est une bonne justification idéologique, qui plus est certifiée par le sens commun, voyant les choses ainsi fonctionner dans les pratiques communes et quotidiennes. Le libéralisme, c'est le contraire de la logique des Shadocks : pourquoi faire simple quand on peut faire compliqué ?

Dans la conception néolibérale, l'individu semble se faire lui-même, s'auto-créer en dehors des structures sociales, des groupes de socialisation, de la culture. La tension entre l'individuel et le collectif est supprimée de sorte que chaque personne n'est plus qu'une « monade » atomisée comme chez Leibniz. Lesdites monades, toutes constituées de la même façon, sont polarisées par le même but, à savoir la satisfaction de leurs intérêts égoïstes. C'est repris dans la TEG. Mais cette atomisation en individus strictement indépendants les uns des autres et des cadres sociaux présente pour le SLC l'énorme avantage de ne pas pouvoir se coordonner, se coaliser, s'organiser collectivement et facilement. Il faut donc, si possible, gommer toutes les différences, standardiser les conduites en supprimant tous les collectifs susceptibles de se révolter et de défendre leur identité et leurs intérêts. D'où l'effort incessant des libéraux pour casser les syndicats, les « corporations » et les corps intermédiaires comme le fit la Révolution française. Il faut en même temps casser les nations opposées à l'absence de frontières et favoriser les communautés sectorielles et les droits individuels, car cela divise et permet de faire régner le marché universel.

En outre, les humains sont aussi des « créatures de désir » (Spinoza) qui veulent se réaliser de façon autonome et « persévérer dans leur être ». Il faut donc, pour les empêcher de se regrouper, répondre à leur attente de distinction (droit à la différence) et de développement personnel (extension indéfinie des « droits de l'homme »), ce qui contribue beaucoup à la stratégie dudit diviser pour régner. C'est ce que beaucoup ne perçoivent pas, tant ils sont focalisés sur leurs aspirations personnelles sans se préoccuper de la communauté de destin qu'est le pays. C'est parfait, car, ainsi, il y a convergence entre la doctrine individualiste, la nécessité de vendre toujours plus, et les attentes individuelles. Alors, le néolibéralisme apparaît lui-même comme naturel, car conforme aux volontés individuelles. Et à la « nature humaine ». Bien creusé, vieille taupe. Le

« fétichisme » de l'individu atomisé, comme celui de « la marchandise », repose sur de bonnes raisons, comme dirait Boudon. Même si c'est la démonstration de « l'aliénation » en attribuant sa propre création humaine, rien qu'humain.

Ce qui est fantastique, c'est que cette conception de la nature humaine est devenue une réalité d'aujourd'hui, dont les partisans du néolibéralisme peuvent exciper pour la justifier. C'est une sorte de prophétie autoréalisatrice. Pas tant que cela, car la stratégie du SLC a consisté à la diffuser par tous les moyens, ce que l'on verra dans l'étude numéro XI. C'est devenu la doxa, largement répandue chez ses propres victimes, d'une « servitude volontaire » si bien décrite par La Boétie ! Le fatalisme religieux est devenu profane sous forme de droit naturel.

Mais ceci n'est que la première fortification qui défend idéologiquement le modèle libéralo-capitaliste qui s'est installé à la faveur de la révolution mentale des Lumières. Celles-ci ont permis que surviennent des pratiques économiques fondées sur une liberté absolue des propriétaires, dépassant largement les vues des penseurs de l'époque sur la lutte contre les obstacles aux libertés et les obscurantismes.

Le second élément, qui complète en l'aggravant le poids de l'anthropologie libérale en fondant le néolibéralisme ultérieur, est la conception darwinienne des rapports sociaux et de la constitution de la société. C'est le niveau des relations sociales que nous allons examiner maintenant.

Étude II :

Un darwinisme social spencérien

Nous passons maintenant à la deuxième redoute théorique qui protège le SLC. Cela ne ferme pas le ban. Elle situe les relations sociales et à l'autre dans un registre de différences considérées comme normes d'infériorité/supériorité. Certes, la difficulté réside dans ce que la relation à l'autre forme une « composition » de tension entre l'égalité et la distinction. Dans les passions humaines, chacun voudrait être « en même temps » égal aux autres et reconnu comme différent. C'est là le hic, car être différent cela peut être comme supérieur ou inférieur. C'est la culture qui donne sa réponse collective à ce dilemme. Or, le libéralisme penche fortement pour considérer l'autre comme un obstacle, voire un ennemi, un instrument manipulable, donc généralement comme inférieur, ce qui s'oppose à l'égalité. Ce qui est, du reste, parfaitement cohérent avec son darwinisme social à la Spencer.

Il s'agit d'analyser ici la nature des relations sociales et les caractéristiques des sociétés conçues et postulées dans le néolibéralisme actuel. Elles s'inspirent d'une interprétation spécieuse des travaux de Darwin (« la sélection naturelle des espèces ») par Spencer. Celui-ci inaugura le darwinisme social comme *struggle for life*, comme victoire méritée des plus forts ou rusés. L'Anglo-Saxon Spencer a été rejoint par l'Allemand-Saxon Spengler pour fonder toute société, qui plus est atomistique et individualiste, sur la concurrence, la spécialisation, l'organisation de la compétition.

Contre Darwin, la doctrine néolibérale a promu la figure de la sélection, non des espèces, mais des individus ; elle a réduit le processus de sélection des plus aptes par adaptation en omettant que la coopération, la coordination, la solidarité pouvaient être des atouts à la fois pour chaque humain et pour la collectivité. Là, au contraire, nous avons l'anthropologie de Kropotkine fondée sur l'entraide. La conception libérale des relations humaines, des interactions intersubjectives et sociales, est fondée sur la reprise de Hobbes : l'homme est un loup pour l'homme, ce qui engendre la lutte de tous contre tous. Il s'ensuit que les relations sociales y sont vues comme conflictuelles, leur fondement étant parfaitement agonistique par nature. Le néolibéralisme reprend l'idée que les humains sont dominés par leurs « passions tristes », dont la plus essentielle est l'égoïsme combatif pour la survie, c'est-à-dire la poursuite de son intérêt personnel, cher à l'utilitariste Bentham.

La lutte perpétuelle des humains entre eux se déroule sous le signe aggravant et très moderne (c'est le moteur du droit-de-l'hommisme) de la recherche d'identité, de reconnaissance, ce qui passe par la distinction. Comme disait (apocryphe) Churchill : les hommes ne sont que des vers, mais, moi, je suis un ver luisant. Cette lutte pour la reconnaissance, pour l'identité singulière, fonde le fameux quart d'heure de gloire dont parlait le peintre des soupes Campbell et de Marylin, Andy Warhol. Érostrate avait devancé l'appel en incendiant le temple d'Éphèse.

L'ambition, passion qui, de légitime, passe aisément dans l'outrance, est louée comme le ressort individuel puissant de la sélection et du mérite légitime. Celle-ci, naturellement, exige des critères sociaux d'évaluation et d'orientation. En effet, ce qu'il s'agit de déterminer collectivement, c'est le mérite, lequel est une construction sociale (le mérite est un jugement social que le sujet ne peut pas s'attribuer lui-même). Cela renforce la différence rousseauiste entre la légitime estime de soi et l'amour-propre, plein de ressentiment potentiel, qui s'établit comme écart entre le jugement des autres et son auto-évaluation narcissique. Chaque individu va ainsi se battre pour la reconnaissance de ses qualités sans bien comprendre que cela ne se fait que sur des critères sociétaux qui ne coïncident pas forcément avec les aptitudes que la société devrait mettre au sommet. Le SLC, en tant que culture globale d'appréciation de ce qui est recherché par la société néolibérale, donne le la. Il promeut des mérites très particuliers que l'on retrouve facilement dans les vertus attribuées aux sports, montés en épingle dans le barnum cyclique des Jeux olympiques : combativité, rage de vaincre, performance, réussite, effort personnel, etc. Les vertus des sports collectifs (solidarité de l'équipe) sont moins bien considérées que la victoire individuelle, qui plus est devenue fort lucrative dans le sport professionnel.

Dans la conception libérale des rapports sociaux, il s'ensuit que l'autre est considéré d'une façon assez spéciale, largement refusée par les sociétés non occidentalisées ou par les communautés de mutualité, de coopération et d'entraide (coopératives, mutuelles, associations de gestion de « communs »). Celles-ci sont pourchassées par les règles et les partisans du SLC, notamment dans l'UE. La reprise d'une entreprise en coopérative est bien difficile, mais cela marche :

voir Lipton et Duralex. L'autre peut être un obstacle, un ennemi, un instrument, un allié, un domestique, etc. Ces rapports sociaux sont inégalitaires et fondent la distinction : eux, les « sans-dents », les « gens de peu », les « déplorables », les illettrés, les sans costumes, ni chemise, ni pantalon, et nous, les meilleurs, les aristocrates, l'élite méritocratique qui peut légitimement commander aux inférieurs. Ce partage eux/nous a justifié le colonialisme, car, Jules Ferry dixit, il fallait apporter notre « civilisation », nos connaissances et techniques aux barbares sous-développés et arriérés. Cette séparation se trouve au fondement de l'opposition dominants/dominés, exploiteurs/exploités, « premiers de cordée » et premiers de corvée.

De façon générale, les pratiques SLC, contre la justification idéologique (néo)libérale, ne reconnaissent pas l'égale dignité entre les humains, les sexes, les genres, « les races », les ethnies, les cultures. Elles font mépriser la Justice, dont Proudhon disait qu'elle était la reconnaissance de l'égale dignité de l'autre et un devoir de s'engager pour la faire respecter « quoi qu'il en coûte », même au péril de sa propre vie. Cette inégalité fondamentale et fondatrice provient de la nécessité édictée par le libéralisme de reconnaître les prétendus plus aptes et de les récompenser comme signe social affiché aux yeux de tous afin d'encourager les autres à les imiter. Souvenons-nous que l'imitation est à la base de la Théorie des sentiments moraux de Smith. Elle procure une force de rassemblement par identification chez Tarde, devient désir mimétique chez Girard. La réussite est individuelle, mais elle n'est reconnue que sur la base de critères sociaux préexistants. C'est la réussite individuelle qui permet aux personnes, qui ne sont au départ qu'une foule indifférenciée, de se transformer en collectif uni par l'identification de chacun au chef, consacré par son autorité charismatique. Cette inégalité foncière se construit en même temps sur la violence concurrentielle et sur l'insécurité, sentiment qui pousse à la soumission, dans la société globale. Dès lors, il n'y a guère de raisons de s'étonner de l'expansion de conduites individuelles fondées sur la force et la violence et de la mise en place du gouvernement unitaire et extérieur fondé sur l'obéissance via l'incertitude de l'avenir et la peur.

Le néolibéralisme, dont le darwinisme social justifie les inégalités, qui ne sont que la conséquence de l'inaptitude dans la course à la sélection des meilleurs, se traduit en SLC de concurrence devenue mondiale. C'est une recherche de la compétitivité pour vendre sur des marchés internationaux. C'est ainsi que la guerre est aussi commerciale et Merk(el)antiliste. La concurrence néolibérale est censée opérer sur un marché atomistique (infinité d'offreurs et de demandeurs ; en réalité aujourd'hui quelques baleines bleues face à du krill atomisé, déboussolé, aimanté), ce qui, du reste, n'existe plus. Actuellement, ce sont des firmes oligopolistiques (un des mensonges du néolibéralisme, c'est le marché atomistique ; en réalité la concurrence amène des trusts), qui en situation d'énorme « pouvoir de marché » font l'offre et les prix. Ce qui existe maintenant, c'est une concurrence entre pays et entre modèles sociaux enfermés dans la lutte incessante pour la compétitivité. C'est particulièrement vrai pour les réseaux sociaux et les firmes numériques du GAFAM que l'UE fait semblant de vouloir contrôler, ce qui lui vaut les foudres de Trump. C'est là que se joue désormais le darwinisme devenu néolibéral. De façon amusante, il semble que la guerre des tarifs douaniers lancée par Trump puisse involontairement supprimer la dynamique compétitive du néolibéralisme.

Comme la sélection des meilleurs est individuelle et pousse à l'individualisme, il en découle que tout est fait pour que les pratiques pro-SLC se conforment à la théorie néolibérale de la compétition *über alles* chère aux ordo-libéraux et juristes allemands et aux darwiniens libertariens anglo-saxons. Il n'est question que de réussite individuelle (prouvée par l'avoir, l'ostentation de l'argent, comme signes de réussite), d'accomplissement personnel, de développement et de réalisation de soi, de dépassement de ses limites, de « capital humain » (R. Lucas, prix Nobel de la Banque de Suède) à faire fructifier, d'émulation, de mérite personnel, de victoire contre la médiocrité. Et c'est tout cela qui contribue à solidifier une société pensée comme un amas de petits pois dans une boîte (Sartre), car chacun peut envier ceux du dessus dans l'échelle sociale et mépriser ceux du dessous. Chacun y a une place, comme dans l'horrible système des castes, et peut espérer grimper à l'échelon supérieur (ce que la réincarnation permet aussi).

La théorie néolibérale de la lutte de tous contre tous est mise en application dans les pratiques sociales pro-SLC. Il n'est question que de concurrence entre individus plus ou moins performants. La responsabilité y est individuelle, ce qui signifie que ceux qui ne réussissent pas ont été relégués parce qu'ils ont été inaptes dans la compétition darwinienne qui sélectionne légitimement et objectivement les meilleurs, c'est-à-dire en fait mieux adaptés aux critères en cours dans la société SLC. Vous voyez qu'il s'agit d'un cercle vicieux autoréférentiel et même d'une prophétie autoréalisatrice. Les dominants fixent les critères de l'excellence et ceux qui les vérifient après des sélections *ad hoc* (du type vu par Bourdieu et Passeron dans la reproduction scolaire des héritiers) font partie des « happy few » qui méritent les meilleurs postes et la reconnaissance sociale.

Mais la sélection-évaluation n'est pas tout. Il faut aussi se conformer aux bonnes pratiques normalisées par la doxa néolibérale et mises en musique dans les comportements requis par celles-ci. De façon pratique, le néolibéralisme se sert des passions humaines, difficilement contestables, pour imposer ses normes. Par exemple, la solidarité et la sécurisation résultant des assurances sociales des États-providence (ou *welfare states)* sont maintenant qualifiées d'assistanat et d'irresponsabilité individuelle.

Il faut se réaliser, se développer, se dépasser, forger son « capital humain », se maintenir en bonne forme physique, faire du sport, prouver son *leadership* aux autres, avoir de bonnes relations humaines, être cool, sympathique, communiquer, tout calculer pour maximiser l'atteinte de ses préférences. Sinon on ne peut pas se vendre ! Car le but est de réussir et de pouvoir l'afficher de façon ostensible aux yeux des autres par des signes qui le prouvent. Naturellement, en milieu SLC, ces symboles de succès ne sont pas n'importe lesquels : ce sont les revenus financiers, le carnet d'adresses, la notoriété, la consommation de luxe, le réseau social d'amis (le capital social de Bourdieu), la propension à la charité comme marque de sa solidarité (en gros le capital social de Bourdieu dans le champ des relations).

Il faut être efficace, car sinon on perdrait la bataille de la reconnaissance de son mérite et on descendrait dans l'échelle sociale sur laquelle la place de chacun dépend de sa combativité et de ses performances. Naturellement, la réussite est aussi collective ; elle est subordonnée au degré atteint de compétitivité dans la course au moins-disant installée par la concurrence mondialisée. Cette réussite globale d'une économie, lancée dans le combat mercantiliste pour l'exportation, dépend évidemment de la rationalité instrumentale mise en œuvre, du degré d'industrialisation et de robotisation des moyens de production, du rendement financier des investissements (de plus en plus spéculatifs par simples rachats de titres d'entreprises déjà existantes). Cela dépend aussi de la privatisation des activités, car le privé serait bien plus efficace que le public. C'est théoriquement contraire à la doctrine néolibérale que d'avoir des interventions étatiques ou publiques en faveur du capital, mais cela se pratique beaucoup, par exemple avec des subventions, des aides, des détaxations offertes aux entreprises (du reste sans contreparties exigées et contrôlées ; 200 milliards par an en France). Le libéralisme n'est souvent que le masque de l'interventionnisme, spécialité des USA, du Japon, de la Corée du Sud et de la Chine, alors que l'UE se distingue par son aspect moulin à vent ouvert à tout le monde sans condition. Il n'empêche, car l'efficacité, réduite à ce qui est calculable, et sans se préoccuper ni de l'écologie ni du social et de l'humain, est le corollaire nécessaire de l'ouverture totale à la compétition spencérienne entre économies. Pour faciliter la chose, les darwiniens libéraux ont inventé la comparaison des performances suivant des normes néolibérales standardisées et mondialisées (*benchmarking*).

Le principe fondamental est d'être libre de se comporter au mieux pour vaincre, de même qu'un lion qui doit agir conformément à sa nature sauvage. L'individu demeure un loup pour les autres. La liberté, pour être totale comme le réclament les libertariens, pour lesquels il suffit que la propriété soit transmise dans des formes légales sans qu'il y ait l'horrible État pour réguler (voir Nozick, *Anarchie, État et utopie*, 1974). Cela suppose la fin de tous les obstacles (péages, corporations, castes…) au libre commerce et aux libertés subjectives. Cela suppose aussi, ce qui est trop négligé, la disparition des tabous, interdits. Freud disait le contraire : la civilisation dépend de l'intériorisation de normes sociales, de la formation d'un surmoi. La liberté pleine et entière, nécessaire pour la sélection des meilleurs en fonction de leur réussite, suppose la mort de Dieu, la fin du sacré, l'amoralité. Comme disait Ivan Karamazov : s'il n'y a pas de Dieu, tout est permis. Du coup disparaissent les obsolètes sentiments de honte, le sens de l'honneur, le culte de la vertu, la compassion et l'altruisme. Ce qui compte, comme pour Rastignac, c'est de réaliser ses ambitions par tout moyen. Le *Winner* n'a pas à en tenir compte, car cela le mettrait dans la dépendance d'un groupe d'appartenance, d'une communauté, non ouverte au « village global ». La monade doit être nomade, ouverte au SLC universel et responsable, pour livrer des combats libérateurs et personnels. La « décence commune » (Orwell), la morale populaire sont des traditions que les élites actuelles n'ont pas à respecter. En revanche, il est utile que les « ploucs » continuent d'y croire, car cela ne pousse guère à prendre le chemin de la révolte contre les exploiteurs et les dominateurs. C'est pourquoi Napoleone Buonaparte et Adolf Thiers tenaient tant à une conception instrumentale et utilitaire de la religion.

L'anthropologie et la conception de la société dans la doctrine néolibérale se retrouvent dans ce qui suit, à savoir la culture dominante qui doit normaliser les comportements.

Étude III :

Une culture individualiste et inégalitaire

La culture est une dimension essentielle de toute formation sociétale. C'est une des leçons de Gramsci, auteur que la droite néolibérale a récupéré pendant que la social-démocratie allemande ou française ressassait les Saintes Écritures marxiennes sur le primat de l'économie « en dernière instance ». Les néolibéraux ont compris que le changement culturel était un enjeu incontournable pour faire advenir le système libéralo-capitaliste. Pourquoi ? Parce qu'une culture instituée apparaît comme normale, naturelle comme l'eau pour un poisson. C'est alors fort difficile de la contester et cela d'autant plus que la majorité des contemporains l'intériorise comme quelque chose de naturel et d'évident. Ce n'est pas de la facilité pour des esprits considérés comme primaires (justement par les néolibéraux), c'est une contrainte, une détermination imposée par la pression sociale de conformité si bien décrite par Brassens. Ne pas y adhérer sans questionnement, sans esprit critique, c'est prendre le risque d'être anormal, déviant, celui de sombrer dans l'incertitude et la peur contre la rassurante appartenance au troupeau grégaire des assujettis. Ce qui est une création sociale et historique devient un milieu quasiment éternel et universel, atemporel. Il est « réifié », naturalisé, chosifié ; c'est ce que Marx, inspiré par Feuerbach, appelait l'aliénation : croire que ce qui est une création des humains est une essence naturelle, universelle, perpétuelle et valable pour toute société, l'histoire et toute la terre.

C'est ainsi que la stratégie des (néo)libéraux a pu imposer une culture, décrite ci-dessous, qui substitue à l'énorme complexité des sociétés, des rapports sociaux et des motivations humaines, la simplicité, voire le simplisme. C'est plus facile à intérioriser, si aisé à adopter, si proche des passions tristes des humains et de leurs groupements ou communautés. Cela flatte les phantasmes d'unité, de normatif standard, de hiérarchie, de pouvoir absolu d'un maître, la propension à l'*UN* (d'où le *Contr'Un* de La Boétie). Cela rassérène contre les sentiments d'insécurité, car cela procure des repères stables. Le pluralisme sociétal disparaît au profit du monolithisme d'un pouvoir unitaire surplombant la société et imposant les règles économiques et comportementales du SLC. Par ce chemin, peuvent s'engouffrer tous les mégalomanes narcissiques avides de pouvoir et de domination, tous les autoritaires, tous les traîneurs de sabre, tous les centralisateurs et unitaristes qui veulent assujettir la société à leur modèle de normes (des Poutine, Trump, Staline, etc.). On obtient alors un « bloc historique » ayant fusionné la domination politique, l'exploitation économique et l'hégémonie culturelle ou idéologique. Mais, pourtant, ce n'est qu'une « formation sociale » parfaitement transitoire et historique, comme toutes les autres. Et aucune ne repose que sur des déterminations économiques et n'est pérenne ni sujette à des évolutions automatiques. La plupart des idéologues s'appuient sur une conception unidimensionnelle des choses. Le néolibéral ne jure que par la dimension économique, le révolutionnaire marxisant par la voie politique de prise du pouvoir (soit par la force, soit par le vote), le théocrate par le domaine religieux. Tous nient que la société soit un système complexe, conflictuel et pluraliste où toutes les dimensions et fonctions sont co-indispensables et sont interdépendantes mais relativement autonomes. La culture joue dans ce système un rôle important : celui de ciment spirituel qui fait que les gens peuvent ou non croire à la communauté de destin politique, à la pertinence du vivre ensemble en vue de la cohésion sociale et de la paix.

La culture donne la troisième dimension essentielle de la révolution néolibérale, celle qui a assis son hégémonie et la pérennité de son bloc historique pratiqué comme SLC sur la société. En effet, elle fonctionne à la jonction du collectif et de l'individuel, car c'est dans ce domaine que les normes sociales peuvent être massivement intériorisées dans les esprits individuels en créant des penchants, des propensions, des tendances profondes, des « habitus », des « patterns » propices au maintien du système. Cela est nécessaire à l'expansion du capitalisme néolibéral, à l'accumulation et à la course compétitive au profit. La grande réussite des libéralismes théoriques et des pratiques capitalistes a été de faire intérioriser par la plupart des gens des normes culturelles qui font que les représentations, les pensées, les conduites dans la société SLC apparaissent comme naturelles et, pour ainsi dire, universelles et atemporelles. Le résultat est donc une aliénation généralisée qui prouve que les néolibéraux, pendant que les socialistes se reposaient sur leurs lauriers marxistes, ont su utiliser tous les relais de propagation et de manipulation de la culture (écoles, réservoirs de pensée, médias, moyens d'asservissement à la logique financière, etc.) pour la rendre conforme aux besoins du capitalisme. On y rassemble : individualisme, méritocratie, concurrence, rationalité calculatrice et instrumentale, statistiques normées, comptabilité standard, concentration égotiste sur soi, performance et réussite, responsabilité individuelle, goût du lucre, etc.

Nous prenons la culture dans son sens anthropologique (pas du tout celui des paillettes à la Jack Lang). Ce sont : les us et coutumes ou traditions, les normes et valeurs sociales, les représentations du monde (y compris les croyances), les rites des communautés et des sociétés, les rôles sociaux et les attentes de rôle, les façons de voir, les pratiques sociales, les cadres sociaux de l'action, les modes de vie, la « personnalité de base », les « habitus-habitudes » (schémas de pensée et d'attitudes)... Si on y ajoute les techniques, les connaissances, les savoir-faire, le régime politique, le modèle économique, nous obtenons les civilisations. Restons sur la culture propagée par les libéralismes et pratiquée dans le SLC mondialisé et occidentalisé.

Il était aussi utile et profitable que cet individualisme soit matérialiste et hédoniste. Il fallait répudier tous les attachements moraux aux autres, aux communautés, à la religion, à la spiritualité qui empêchent de consommer au nom de valeurs sacrées ou de respect de la dignité humaine. Il fallait rejeter comme absurdes l'honneur, la loyauté, le respect des engagements. Il fallait que le bonheur soit profane, soit assis sur la recherche du confort et du bien-être, sur la rivalité ostentatoire des possessions matérielles. Les humains devaient consommer au maximum et pour cela le néolibéralisme devait en appeler aux passions tristes comme la jalousie (avoir ce que les autres ont, les imiter), la gloriole, la distinction par le paraître, la soif de reconnaissance, le court-termisme de la mode. Bref, l'étalage spectaculaire de son tout à l'ego. Et on pouvait oublier que toute la consommation ne pouvait être que de demande solvable, ce qui faisait que les déçus pouvaient devenir des frustrés pleins de ressentiment et s'abandonnant à l'envie (détruire ce que l'on ne peut pas avoir). Jalousie (vouloir avoir ce que les autres ont) et envie, voilà deux mots des moralistes français jetés à la poubelle du globish anglo-saxon !

La culture néolibérale, propice à l'expansion continuelle du SLC, est individualiste, car elle est fondée sur le primat, issu de la pensée des Lumières, des libertés individuelles, notamment politiques. Cette pensée était « jusnaturaliste », car elle avait abandonné la défense des « gens » (communautés de Grotius, XVIe siècle, et même de Marsile de Padoue, XIIIe siècle) au profit du seul individu naturel. Cela dit au passage, les romantiques allemands d'après la Révolution française ont réhabilité la culture communautaire (*Volkgeist*) pour lutter contre l'individualisme universaliste et le rationalisme formaliste français. Rappelons que le capitalisme est fondé sur l'accumulation incessante de marchandises, sur leur production au moindre coût via la concurrence, sur la maximisation du profit. Cela induit obligatoirement la nécessité de vendre, sinon la production cesserait, car elle ne serait pas rentable. Du reste, vendre de plus en plus conduit à des économies d'échelle. Et pour vendre plus que les autres, il faut être plus productif, plus compétitif, ce que Marx appelait la plus-value relative acquise par les plus productifs que les autres. Cela a été détourné par le néolibéralisme : il suffit, grâce à la liberté de circulation des marchandises et des capitaux, d'aller exploiter la main-d'œuvre la moins chère de par le vaste monde. L'accumulation incessante et sans limites a pour autre nom la croissance qui est le mantra des politiciens libéraux, car elle permet de faire grossir chaque part de gâteau sans modifier les règles de répartition des parts et de créer des emplois. La productivité est alors abandonnée au profit de la spéculation et de la surexploitation (plus-value absolue). Il faut donc que la culture soit favorable à cette loi d'accumulation infinie. C'est pourquoi le néolibéralisme s'appuie sur une culture spéciale, celle qui va augmenter la croissance et le profit, exportée au fil de l'épée par Napoléon 1er (salué par Hegel qui y vit l'Esprit rationnel à cheval lors de son passage à Iéna). Cet individualisme a été instrumentalisé par les classes sociales capitalistes au nom de la totale liberté d'entreprendre et de vendre les produits de sa propriété des moyens de production. Puis le néolibéralisme a fait de l'individualisme le premier moteur de la société capitaliste. C'était nécessaire, car on peut vendre, produire bien plus, si la société est atomisée en individus, en familles nucléaires détachées des valeurs traditionnelles de solidarité et d'entraide chères aux tribus et aux communautés locales ou nationales.

La culture pro-SLC des libéralismes (involontairement dans le cas de celui des Lumières et voulu dans le néolibéralisme actuel) est concurrentielle, compétitive (c'est en outre la conséquence souhaitable du *struggle for life*). Pour développer le commerce, rien ne vaut la mise en concurrence qui va pousser chacun à être le plus performant possible, à se développer, à se former, à se surpasser, à améliorer son « capital humain » vendable sur le marché du travail, à travailler pour acquérir ce qui montrera aux autres qu'on a « performé ». Du reste, battre les autres dans la compétition est « en même temps » un ressort de plaisir, car la culture est hédoniste et le plaisir en est la récompense. On voit que cette conception débouche aisément sur l'augmentation du degré de violence présent dans les sociétés à cause de l'envie et de la perte des valeurs de solidarité, d'altruisme et de coopération. En outre, la résistance à la frustration a disparu, car chacun veut tout ce qu'il désire tout de suite, ce qu'il faut exaucer suivant les enseignements du Dr Spock.

La culture *ad hoc* pour le SLC est aussi parfaitement méritocratique et en fixe d'ailleurs les critères comme prophétie autoréalisatrice : sont méritants ceux, et seulement ceux, qui sont conformes à ses normes.

La culture néolibérale est un eudémonisme, car le bonheur doit être atteint ici-bas et non dans un autre monde qui, du reste, n'a rien de démontré. C'est ce qui fait le succès des religions : elles sont invérifiables au contraire des promesses communistes ou néolibérales. On n'a qu'une vie et il faut en profiter au maximum, même contre les autres et même si on danse maintenant sur le volcan de la crise climatique. Et, après nous, le déluge ; les autres générations n'auront qu'à inventer leurs propres solutions aux dégâts que nous leur laisserons. Le but n'est pas atteint : les Anciens pensaient que nul n'est méchant volontairement. Grâce au néolibéralisme, nous avons énormément de violents narcissiques et envieux.

La culture pro SLC repose sur une conception évolutionniste, quasiment déterministe du progrès. Comme disait Stendhal (*Souvenirs d'égotisme*) : « le siècle progresse, quel joli mot qui rime avec graisse ». C'est normal, car il faut croître sans cesse et améliorer toujours la productivité pour être compétitif. Au passage, la morale est répudiée, car elle interdit des pratiques favorables au développement du commerce. C'est ainsi que la lutte contre les paradis fiscaux, l'évasion fiscale, le banditisme, les mafias, les trafics, etc., est fort molle (on y songe, mais on s'endort, ce qui conserve la santé). En effet, tous les bénéficiaires de ces choses utilisent le même véhicule : l'argent, les mêmes organes : les banques et les mêmes échappatoires, les paradis fiscaux.

C'est un athéisme, un monde profane où ne compte que la satisfaction dans le bien-être. Celui-ci est matériel et l'économie néolibérale, du reste, se qualifie comme économie du bien-être. L'athéisme est utile pour les dirigeants et les classes sociales huppées qui peuvent ainsi consommer sans scrupule. En revanche, il est utile que les classes dominées persistent à croire en un monde meilleur et supraterrestre. Mais les valeurs religieuses peuvent être un obstacle au développement des profits ; songez à ces religions qui interdisent le cochon, pourtant l'animal le plus utile de la terre !

C'est un économisme travailliste et productiviste qui pousse au maximum la valeur-travail, tout en laissant les praticiens et entrepreneurs diminuer sa rémunération. L'économisme consiste à propager l'idée que c'est l'économie qui doit diriger, car c'est elle seule qui procure des emplois et de la croissance. Il existe même la ridicule théorie du « ruissellement » (adoptée par le président Macron) qui prétend que si on facilite à fond le travail d'accumulation des entrepreneurs (notamment en abaissant leurs impôts), alors leur richesse va redescendre jusqu'aux pauvres. En réalité, cela ne fait que grossir les profits et les dividendes, la « valeur pour l'actionnaire », ce qui est vérifié même par les bonnes statistiques néolibérales. Pour faire cela, les capitalistes doivent rester libres de faire suer le burnous aux travailleurs de tous les pays du monde mis en concurrence et exploités d'autant plus que dans les pays dominés, il n'existe pas de lois de protection sociale et de droit syndical. Le colonialisme a été approuvé par la culture libérale occidentale au nom des bienfaits à apporter aux barbares.

C'est un utilitarisme quantitatif et instrumental (répudié par la théorie de la Justice de John Rawls) qui prétend que le capitalisme travaille pour la maximisation du bonheur du plus grand nombre, ce qui suppose qu'il puisse y avoir des sacrifiés pour y parvenir. On ne s'occupe que de quantité et de rendement financier. Tout ce qui n'y contribue pas, par exemple, le temps passé à rassurer un malade, à servir des vieux isolés (la Poste s'y est opposée pour les facteurs), la recherche de la qualité, la réparation plutôt que la vente du neuf, la solidarité, la coopération, l'échange et la communication, etc., ne comptent pas.

C'est un rationalisme calculateur et égoïste à base de responsabilité purement individuelle. Chacun doit faire ses petits calculs d'utilité et de rentabilité marginales (le calcul coûts/bénéfices) afin de tirer son épingle du jeu concurrentiel. Rien ne se perd, rien ne se crée, tout se calcule. C'est l'époque des « eaux glacées du calcul égoïste » que critiquait vertement Marx.

C'est un universalisme marchand, commercial. En effet, il faut que le maximum de pays se conforme aux mêmes lois régissant le commerce mondial (Gatt, OMC, traités internationaux de libre-échange comme le Mercosur, directives et règlements de l'UE, arbitrage des différends par des tribunaux truffés de juges privés). Il faut aussi obéir aux mêmes normes de calcul des performances et résultats afin de pouvoir comparer tout le monde (*benchmarking*) sur des critères communs et de signifier des objectifs économiques à atteindre par tous, via une comptabilité et des indicateurs *ad hoc* de performance. De même, les comptabilités, les budgets publics sont alignés sur un modèle commun : le New Public Management (NPM, implanté en France sous Sarkozy avec la RGPP, Révision générale des politiques publiques). Cet universalisme matérialiste et quantitatif n'est jamais qu'une normalisation, une standardisation pour unifier les pratiques économiques des pays adhérents au SLC et la façon d'en rendre compte. Nous sommes loin du vieil humanisme universaliste prôné par le libéralisme des Lumières. Nous sommes passés au néolibéralisme réduit aux acquêts les plus profitables. Et cela a fini par remplacer l'économie productive du néolibéralisme par la spéculation financière sans limites et la domination des échanges par des multinationales oligopolistiques.

La culture néolibérale, c'est le goût du spectacle, de la communication et du dire mensonger pour divertir et cacher les vrais enjeux. Le travailleur doit pouvoir se distraire de son travail fastidieux et généralement sous-payé. Comme disait Brezinski (ex-secrétaire d'État US aux affaires étrangères), il lui faut du *titainment* (amusement avec les tétons, contraction de *tits* et *entertainment*), de la diversion pour oublier ses conditions de vie. C'est ce que pratiquent la téléréalité, les *blockbusters* de cinéma, les jeux du cirque, les jeux vidéo, les sports spectacles, etc., comme au bon vieux temps des Romains. La télévision sert, comme l'a dit un ancien président de TF1 (Patrick Le Lay), à « vendre du temps de cerveau disponible pour la publicité ». Comme l'avait analysé Guy Debord, nous sommes bel et bien dans la société du spectacle, ce qui fait que les gouvernants font surtout de la « com. », plus ou moins mensongère, et les médias du *buzz*, du sanglant, de l'agitation perpétuelle des émois. Ils « tweetent » à qui mieux mieux sur les réseaux sociaux Les gouvernants deviennent des « stories tellers ». Ils racontent des histoires, font du « mémoriel » afin d'enjoliver leur domination. La chose est évidemment surmultipliée par les réseaux sociaux qui peuvent diffuser n'importe quoi sans contrôle et qui sont souvent manipulés par des officines de production de *fake news*.

Un autre aspect de la guerre culturelle réside dans l'appellation de populisme facilement attribuée aux opposants. Dès l'apparition de la démocratie libérale ou représentative, nous eûmes un clivage entre les classes possédantes et dirigeantes et le peuple. L'establishment institué, l'élite soi-disant méritocratique des « sachants » et des puissants, le corps politique en place sont séparés de la « populace ». Les puissances financières et économiques, plus le grand groupe des notables, furent axées sur la défense de leurs seuls intérêts et se servirent du droit, devenu positif au lieu de divin ou naturel, contre ceux du peuple qualifié de populace envieuse et ignare, alors qu'il ne veut que la justice, la liberté, l'instruction et la démocratie. On eut, dès le début de l'apparition du pouvoir, une lutte idéologique et culturelle entre les dominants et les dominés.

Car il était impensable pour les notables de laisser l'égalité et la démocratie réelle s'opposer à ceux qui, comme eux, voulaient magouiller et s'enrichir à leur aise en mettant en place un droit légal et dé-régulateur sur lequel pouvaient s'appuyer leur justice et leur police pour réduire les contestataires au silence, voire bien pis, au nom du terrorisme.

D'entrée de jeu, le combat fut idéologique et culturel, en commençant par dénaturer le langage et par s'adonner aux amalgames. Les idéologues, partisans des pouvoirs étatique et financier contre le peuple, ont retourné le populisme (pouvoir du peuple) à leur profit. Ils ont transformé le *populus* romain (le peuple comme corps politique) en *plebs* (la plèbe, la populace), d'où dérive le plébiscite. Ils sont devenus les nouveaux tribuns de la plèbe (*tribunus plebis* de la fausse République romaine avant les Césars) qui s'attachent la clientèle électorale populaire par du « pain et des jeux » et qui « en même temps » dérégulent à tout va en faveur des capitalistes. Ils font semblant de s'en prendre à « l'establishment » qu'en réalité ils défendent, car, ils en font partie. Le nouveau populisme est de droite, mais pour le cacher, il s'en prend aux opposants au SLC qualifiés par eux de populistes, de nationalistes, de racistes, de ringards, etc. En fait, ce sont des démagogues, ce qu'ils camouflent en traitant les adversaires du SLC de populistes. Le démago populiste, c'est Trump et c'est le RN qui feignent de défendre le peuple contre les pseudo-élites tout en abaissant les impôts des riches et en favorisant maintenant les entrepreneurs nationaux par le protectionnisme.

Dans les premiers temps, nos démocrates libéraux s'employèrent à empêcher les dominés d'être représentés (suffrage censitaire et maintes violations d'un suffrage sincère), d'avoir un droit social et syndical (interdiction des associations et des grèves, dites « coalitions »). On ne put négocier dans des rapports de force équilibrés, bref, se défendre contre la toute-puissance des propriétaires du capital. Las, cela suscita le socialisme, le communisme, puis le « populisme » comme mot stigmate et générique dénigrant toutes les oppositions à la fausse démocratie libérale et à son parti pris pour la propriété, le capitalisme, le SLC, le libre-échange mondialisé et sans limites ou régulation.

Les notables répliquèrent aussi par une intense propagande, une « révolution culturelle », une *propaganda staffel*, un « viol des foules par la propagande politique » (Tchakotine) mobilisant l'argent, source de financement de leur réaction. Tout fut mis à contribution : les universités et les savants du courant *mainstream*, les médias et les journalistes aux ordres, les organes corporatifs ou syndicaux patronaux, les « réservoirs de pensée », les fondations soi-disant caritatives ou indépendantes, les clubs bien-pensants (Rotary, Lions Club), les organes de charité, les dames patronnesses, les religieux, les partis conservateurs, etc. Le deuxième et simultané volant d'action fut d'imposer les normes de la gestion privée (calcul coûts/bénéfices, rendement financier, valeur pour l'actionnaire) tant aux entreprises qu'aux États (institutions mondiales et internationales : ONU, FMI, IFI, BRI, OMC, UE, OCDE, G7, G20). En outre, il fallait éliminer le syndicalisme et à en finir avec l'État-providence afin d'installer le néolibéralisme pro-SLC. L'argent était le nerf de la guerre, la dernière étape de la victoire néolibérale étant la captation du pouvoir politique via une fausse démocratie représentative. En effet, seul le pouvoir politique souverain dispose du pouvoir de « donner et casser la loi ». État et capitalisme ont co-évolué, car le pouvoir politique y avait intérêt. C'étaient des compères qui se servaient mutuellement. C'est fini : le capital a phagocyté complètement le pouvoir politique pour pouvoir passer à la finance et à la dérégulation de l'économie. Mais le capital conserve le masque du pouvoir légitimé par les élections afin de pouvoir être accepté comme seule solution.

Ce sur quoi il faut insister, c'est que la bataille idéologique et culturelle en vue de l'hégémonie intellectuelle, de la conformité de pensée, du conformisme des attitudes, camoufle l'enjeu réel, à savoir la lutte des intérêts et des classes entre possédants et prolétaires. Cela se prolonge avec le combat entre notables institués, d'un côté, et populations soumises et exploitées, de l'autre. Dans ce cadre, les puissants cherchent à faire diversion chez les exploités en les intéressant au fonctionnement du système capitaliste néolibéral : primes, participation, intéressement, retraites par capitalisation, rémunérations variables.

Il s'agit aussi de faire passer la méritocratie, fondée sur l'égalité des chances, pour juste et légitime, car, ainsi, les positions sociales sont justifiées : le bas pour les idiots du peuple et le haut pour les vainqueurs de la compétition méritocratique.

Le problème devient alors que les dés de ladite compétition sont pipés en faveur des « Héritiers » des classes dominantes (voir Bourdieu et Passeron). Car le néolibéralisme a veillé à subvertir l'Éducation nationale pour faciliter sa reproduction sociale par la possession de l'argent et par l'utilitarisme en lieu et place de la culture générale et de l'esprit critique.

Dans ce combat, il est utile aux néolibéraux de mettre tous les opposants au laisser-faire dans le même sac du populisme antidémocratique. C'est un amalgame commode pour dénigrer l'adversaire et conserver le pouvoir. Les vrais démocrates, à ne pas confondre avec les démagogues nationalistes et racistes, ce sont les populistes partisans de l'intérêt général et du pluralisme démocratique !

Cette culture, qui s'est implantée peu à peu, par suite des menées de puissants néolibéraux, instrumentalisant les dimensions anthropologiques, les évolutions des configurations économiques à l'échelle mondiale et l'extension indéfinie des libertés individuelles, a facilité et accompagné la mise en place d'un système totalitaire (régissant toutes les dimensions sociales) et irresponsable, car fonctionnant en pilotage automatique. L'irresponsabilité est sans cesse recherchée par des gouvernants peu soucieux d'assumer leurs actes et ayant peur de ne pas être réélus. C'est pour cela qu'ils sont très contents d'être remplacés par une logique automatique et la prétendue contrainte extérieure que, du reste, ils ont eux-mêmes mise en place. Car, c'est l'automatisme irresponsable du fonctionnement qui est l'effet le plus inquiétant de ce système. Cela semble obéir au mot de Queuille : il n'est pas de problème qu'une absence de solution ne finisse par résoudre. C'est ce que nous allons étudier maintenant.

Étude IV :

Une totalité automatique et irresponsable

Au lendemain de la terrible Deuxième Guerre mondiale, après le krach abominable de 1929, on en arriva à une régulation mondiale (ONU, accords de Bretton Woods en 1944, FMI, Banque mondiale, Banque des Règlements internationaux, *Gold Exchange Standard*, GES, comme monnaie mondiale fondée sur le dollar assis sur l'or). Les États occidentaux du monde qualifié de libre se rangèrent sous la houlette et l'emprise des USA contre le communisme piloté par l'URSS. Ce fut la « guerre froide » jusqu'à la disparition de l'URSS, en 1991, qui marque la victoire totale du néolibéralisme dans le monde. Après 1945, ces États se transformèrent momentanément en États-providence fondés sur une meilleure justice sociale et la protection des travailleurs (Sécurité sociale, droit du travail, droit syndical, services publics). Ces pays restèrent libéraux et démocratiques tout en connaissant une croissance remarquable (« les Trente Glorieuses » de 1945 à 1975). Las, survinrent les chocs pétroliers (1973 et 1979), la « stagflation » (inflation sans croissance), la suppression du GES assis sur l'or. Car les pays excédentaires dans leur balance du commerce avec les USA (dont la France gaulliste) réclamèrent leur dû en or détenu à Fort Knox, ce qui poussa Nixon à supprimer la convertibilité du dollar en or, en 1971. Cela fit que toutes les monnaies devinrent une marchandise flottante, car fondée seulement sur la confiance et dépendante du niveau de taux de profit ou de dette atteint par le pays ayant telle ou telle devise. Là, nous faisons donc un peu d'histoire de la mise en place du néolibéralisme qui, maintenant, tend à supprimer toute monnaie assise sur un sous-jacent de garantie au profit des nouvelles monnaies numériques comme le Bitcoin, monnaie totalement dématérialisée. Ces monnaies, totalement numériques, ne reposent que sur la confiance et des algorithmes mathématiques. Elles sont des sources de fraude, de blanchiment occulte et de spéculation démontrant la fausseté de la loi de l'offre et de la demande (la demande augmente, comme dans l'immobilier, quand les prix montent !).

Fut ainsi mis en place un système-monde solide dont la base est une division internationale du travail, de type centre dominant-périphérie dominée, dans le cadre d'une mise en concurrence mondialisée par un libre-échange sans limites. C'est un fait social total, car il est unifié par une même logique, celle de l'accumulation sans fin et du profit maximum. Et, surtout, il est caractérisé par l'existence d'une structure mondiale concurrentielle, ouverte, internationalisée des échanges (de marchandises, capitaux, services, travail), notamment dans des Bourses mondiales comme celle de Chicago pour les produits agricoles. C'est la structure et la logique compétitive des échanges qui établit le système-monde capitaliste. Mais, contrairement à la théorie, qui montre ainsi sa fonction de justification du système, le marché n'est pas atomistique (une infinité d'offreurs et de vendeurs). En effet et en pratique, la concurrence et la productivité différentielle des offreurs amènent rapidement une forte concentration, des oligopoles, voire des monopoles. La prétendue concurrence libre et non faussée, si chère à l'UE ordo-libérale, n'existe plus. L'amalgame trusts ou multinationales avec les vendeurs des quatre saisons n'a qu'une fonction idéologique de légitimation du système-monde capitaliste ou SLC. Cela, du reste, est aisé à prouver : la concurrence, qui fait baisser les prix et tend à annuler à long terme les profits, est une contradiction dans les termes, car, ainsi, elle est contraire aux intérêts des capitalistes. Il n'en reste pas moins que le SLC n'existerait pas sans des moyens internationaux et systémiques de coordination comme les Bourses, les Institutions financières internationales (IFI) et les règles comptables de définition des profits et de la croissance. Ce système fonde une logique forcée et des conduites d'adaptation de tous les acteurs à son cadre imposé.

La concurrence capitaliste mondialisée force les entrepreneurs à être plus productifs et compétitifs que leurs rivaux, ce qui donne une économie produisant bien trop pour être vendue sur le seul marché national. Il fallait pouvoir exporter en installant la libre circulation des capitaux, des marchandises, des services et des travailleurs. « En même temps », les gouvernants voulaient de la croissance (créatrice d'emplois) facilitée par une économie en expansion internationale. Pour obtenir cela, il fallait « déréguler » et faire sauter tous les obstacles au libre commerce et à la compétitivité : douane, protectionnisme, contrôle des changes, normes, droit des échanges et de la propriété, notamment « intellectuelle » et des brevets. On y ajoute : abaissement de la protection sociale et du droit afférent et de services publics, etc. Il fallait assurer les quatre libres circulations du livre blanc de Delors, en 1986, pour l'UE : capitaux, marchandises, services et travailleurs. C'est ainsi que l'on passa au néolibéralisme (étudié théoriquement dès 1938 ; colloque Lippmann à Paris), mais cela ne pouvait se concrétiser que si le pouvoir politique, seul souverain, consentait à faire sauter toutes les lois freinant le commerce national, international et mondial. D'où, « en même temps » l'apparition de l'OMC (1995) à la place du vieux Gatt (1945). Ensuite, la dérégulation put en arriver à la pure spéculation financière permettant de dégager des plus-values sans produire quoi que ce soit. Ce qui déboucha sur la crise mondiale des *subprimes,* en 2008, et la crise des dettes publiques (Grèce, Irlande), en 2010. On sait que l'UE, devenue le prototype du néolibéralisme dans sa version tudesque ordo-libérale, a suivi ce chemin dès 1986 avec « l'acte unique » de la libre circulation de tout. La création de l'OCDE (comme suite à un premier organe qui avait administré le plan Marshall), en 1961, fut un des éléments du passage de cette zone au néolibéralisme assumé par les USA comme modèle normatif à imiter.

Ce rapide examen des évolutions du libéralisme montre que le rêve des dirigeants, tant politiques qu'économiques, est réalisé : tout passe en pilotage automatique grâce à la mise en place, par dérégulation, d'un formidable étau multiprise sur les sociétés livrées aux pratiques du SLC. Voyons la nature des mâchoires de cet étau, de cette cage, qui assure l'irresponsabilité des dirigeants. Le vœu de Guizot, laissez-faire, laissez-passer, donc que les politiques s'abstiennent d'intervenir dans le champ économique, a été exaucé. Les politiciens actuels peuvent dire, ce n'est pas moi, c'est la « contrainte extérieure » (notamment celle des marchés financiers et des agences de notation sur la dette publique), se contenter des honneurs et vivre confortablement, y compris à la retraite, aux frais des contribuables. L'irresponsabilité est devenue payante au point, que, dès maintenant, les politiciens français se battent pour les élections de 2027 alors que le climat, le SLC, la démocratie sont en train de s'effondrer. L'UE est un bon exemple des conséquences du pilotage automatique voulu par les néolibéraux. Voyons comment.

La première mandibule de l'étau néolibéral se trouve dans la libre circulation de tout et dans la concurrence mondiale qui l'accompagne et pour laquelle cette libre circulation a été mise en place. Cette mâchoire pousse à la productivité, laquelle amène au mercantilisme exportateur afin d'écouler une production impossible à vendre sur un espace national trop exigu, car les moyens modernes sont bien trop productifs pour une petite population. Il faut être plus compétitif que ses voisins et rivaux. C'est ce qu'a fait l'Allemagne, surtout sous Schröder (plus les 3 points de TVA « sociale » de Mme Merkel), qui mène depuis toujours des stratégies non coopératives au sein de l'UE. C'est aussi cela qui a conduit à l'extension, sans approfondissement, de l'Europe à 10 pays ex-soviétiques et cela dès 2004. Le libre-échange concurrentiel lance le mouvement incessant de l'accumulation des biens, du capital et du profit. Ce « doux commerce » (Montesquieu) va « censément » amener la paix. Hélas, ce n'est pas ce qui se passe. En réalité, la concurrence sans limites fait regrimper les nationalismes, car la concurrence divise et conduit à la guerre commerciale et sans doute, un jour ou l'autre, à la guerre tout court. Rappelons que les promoteurs de l'UE ont promis que la démarche économique suivie dès 1957 (Traité de Rome) conduirait à l'union politique et à la paix. C'est une ânerie, ou plutôt un mensonge, car la concurrence oppose au lieu de rassembler, car c'est le politique, seul souverain, qui doit diriger l'économique ! En fait, il s'agissait pour les eurocrates de fonder la « contrainte extérieure » sur une obligation d'action (forcée) par la concurrence. Le principe de « la préférence européenne » a été vite abandonné au profit d'une ouverture totale des frontières par l'acte unique de 1986. Souvenons-nous que la voie économique suivie devait conduire à une union politique, ce qui revient à donner la primauté, comme dans l'ordolibéralisme, à un ordre juridique où c'est l'économique qui gouverne le politique. C'est l'inverse du nazisme, mais, dans les deux cas, on viole le principe proudhonien d'équilibre qui demande que le « droit politique reçoive le contrefort du droit économique ». C'est oublier que seul l'État souverain peut donner et casser la loi (Jean Bodin et ses *Six Livres de la République*).

La deuxième branche de l'étau est l'installation d'un droit commun obligatoire et sanctionné, gravé dans la Constitution en Allemagne et dans l'UE (reprise quasiment intégrale par le TCE, traité constitutionnel européen, rejeté par référendum en 2005 en France, en Irlande et aux Pays-Bas et pourtant mis en place en 2009 par le traité de Lisbonne). Sont gravées dans le marbre « l'économie sociale (on n'a pas vu ce social) de marché » et « la concurrence libre et non faussée ». Ce droit est ordo-libéral (non de simple dérégulation comme chez les Anglo-Saxons) ; il postule qu'il suffit d'établir les règles du jeu économique libéral, de les rendre inexpugnables en les constitutionnalisant, pour que toute l'économie, ses acteurs et les citoyens s'y plient. C'est ainsi que l'UE a interdit les interventions et subventions étatiques et a tout fait pour obtenir le démantèlement des services publics et des firmes d'État (dont EDF, bête noire des Allemands, car c'est un des rares avantages compétitifs de la France) accusés d'être des monopoles (ce qui est récuser l'existence, pourtant établie par des économistes libéraux, de « monopoles naturels »). Comme disait Proudhon : établissons le droit et laissons faire la boutique, mais pour lui ce n'était pas un droit libre-échangiste de concurrence sans règles. Du reste, cela se voit dans la différence de traitement donnée aux règles de l'UE. Nous avons des règles en forme de variables de commande. Elles donnent le la, elles fixent un cadre général et obligatoire (la Cour de justice de l'UE a en 1964 édicté, vrai coup d'État juridique, car elle n'en avait pas le pouvoir, que le droit européen était supérieur aux droits nationaux) pour tous les pays. Ce sont les directives et les règlements. Dans ce cadre, la variable de commande essentielle est un régime économique présenté comme norme immuable à respecter. Et nous avons les règles d'adaptation à ce cadre imposé ; ce sont des règles en forme de variables secondaires d'action pour s'adapter au cadre général. C'est ainsi que les pays conservent, par exemple, le droit social et le droit fiscal comme degrés différentiels de liberté pour devenir plus compétitifs suivant la loi de la concurrence fixée par le système général. C'est ainsi que l'UE est devenue une confédération économique (simple union des États en vue du seul but commercial libre-échangiste commun) au lieu d'une fédération politique (partage des pouvoirs entre un centre commun pour les choses communes comme la monnaie, la douane extérieure et des États autonomes pour leurs propres affaires). La différence essentielle est qu'au lieu de s'unir les États confédérés et non fédérés s'opposent.

La troisième obligation est de se soumettre au deuxième principe de Carnot en thermodynamique (rappelons que la TEG est fondée sur la mécanique de Newton ; ce qui prouve que la pratique ne répond pas toujours à la théorie, car ce qui est réellement fait dans le SLC, c'est de la thermodynamique, pas de la mécanique). Le principe est que le rendement d'une machine thermique dépend de la différence de température entre deux sources : la froide et la chaude du moteur, par exemple celui d'une locomotive à vapeur. Dans le SLC, la source chaude, c'est la différence des législations (d'où les paradis fiscaux luxembourgeois, irlandais et batave ou l'exploitation du faible niveau de vie des pays de l'Est par l'Ouest européen, Allemagne en tête, en y externalisant la production ; l'Allemagne a du reste poussé à l'extension de l'UE à 10 pays de l'Est dès 2004 et « aux travailleurs détachés » en 1996), la source froide, c'est la concurrence qui force à baisser les prix pour être compétitif, d'où une course incessante au moins-disant.

La dernière imposition est le respect forcé de l'idée de Ricardo : pour faire baisser le prix du travail, il faut diminuer le coût de ses subsistances en important à bas prix en suivant la loi « des avantages compétitifs ». Il est donc opportun d'importer de la camelote pour que les travailleurs se contentent d'avoir des salaires stagnants ou abaissés. Belle application de la « loi d'airain des salaires » reprise avec passivité par le social-démocrate allemand Lassalle. Dans le même ordre d'idée : avoir des immigrés, et encore mieux clandestins, c'est bon pour faire baisser les rémunérations du travail. On notera la cohérence entre les variables secondaires d'action laissées aux pays et les différentiels de législation pour gagner plus dans la course compétitive. Rappelons que si les gens se révoltent, les gouvernements disposent toujours de l'usage de la violence légitime donc de la répression contre eux ; rassurons-nous : tout est bien ficelé dans le SLC.

En outre, l'UE, sous pression des austéritaires allemands et alliés (Europe du Nord, clients d'Europe de l'Est), a ajouté la pression monétaire de la BCE (Banque centrale européenne) indépendante, de l'euro trop fort et des « critères de convergence » du traité de Maastricht (1992). La zone euro dispose d'une monnaie unique, sous-évaluée pour la puissante économie allemande et surévaluée pour des pays comme la France qui a perdu sa souveraineté monétaire et son droit de dévaluer. La BCE, suivant les canons monétaristes de Friedman n'a pas le droit d'intervenir, interdit les prêts entre pays, veille à une inflation inférieure à 2 % (pas sur la spéculation immobilière ou financière !) pour les prix et les salaires. Maastricht a imposé des « critères de convergence » (moins de 3 % de déficit public par rapport au PIB et dette publique inférieure à 60 % : c'est curieux la dette privée n'est pas prise en compte, ni les différentiels d'inflation des pays) qui au lieu de faire converger ont favorisé la divergence. En effet, l'euro, monnaie unique, ne correspondait en rien à une zone monétaire optimale (Mundell). La BCE, indépendante, mais en fait pilotée par l'Allemagne, a pu mener ainsi une politique d'austérité, notamment contre la Grèce. Rappelons que le différentiel d'inflation permet (notamment aux banques françaises) d'emprunter, par exemple à 1 % sur les marchés internationaux et de prêter à l'Espagne ou à la Grèce à 4 % pour aider les financiers de ces pays à investir dans le tourisme. Grâce à cette différence, volontairement oubliée par les technocrates néolibéraux européens, il a été permis aux plus puissants de s'emparer de larges pans des économies de pays ayant besoin de financement, comme l'Espagne pour son immobilier touristique.

Il ne faut pas oublier la division du travail et la taylorisation des activités. Le taylorisme a permis l'hyperproductivité et « en même temps » a éliminé l'autonomie des travailleurs, ce qui va encore s'aggraver avec les procédures formatées de l'intelligence artificielle et la robotisation. Cela nous fera un salariat forcément encore plus soumis aux lois « naturelles » du capital.

Les contradictions automatiques du système libéralo-capitaliste peuvent être aussi présentées comme suit. Les libéraux ont accoutumé de prétendre que le capitalisme avait pour but de répondre aux besoins matériels des humains. C'est un bon camouflage du but réel : faire du profit en vendant une production utile (valeur d'usage) à sa valeur d'échange, dont le prix concret se forme sur des marchés. C'est sur ces derniers que se réalise impersonnellement et automatiquement le profit capitaliste, mais les libéraux ont tendance à amalgamer capitalisme et marché, alors que ce dernier existait déjà bien avant les capitalistes. Le « fétichisme » de la marchandise (utile et assurant le bien-être) a pour fonction de faire oublier la recherche du profit maximum. Ces néolibéraux ont toujours prétendu que le système capitaliste donnait automatiquement des marchés équilibrés (sauf catastrophes extrinsèques) alors que les marxistes pointaient les crises récurrentes et annonçaient sa fin pour cause de contradictions intrinsèques et de « baisse tendancielle du taux de profit ». Ce que l'on va examiner est une autre façon d'envisager la fin du SLC et de décrypter les mensonges de la théorie néolibérale.

Pour le démontrer, il faut partir de la notion de valeur en tant que richesse produite en une unité de temps de travail abstrait, par exemple une heure qui n'est qu'une moyenne recouvrant des travaux concrets très divers et compte tenu des moyens de production de l'époque ou du lieu (le fameux temps de travail socialement nécessaire de Marx). Il faut aussi considérer que la concurrence, autre mantra du SLC, conduit sans cesse à améliorer la productivité, de façon à acquérir « un avantage comparatif » (ou plus-value relative) et ainsi dégager plus de profit que les autres compétiteurs. En effet, le plus productif va pouvoir vendre son produit au prix moyen du marché et empocher la différence due à son coût de production inférieur.

Donc, pris dans le système, chaque capitaliste, et de façon impersonnelle et automatiquement forcée, va tirer son épingle des règles du jeu concurrentiel en dopant sa productivité. Ce faisant, par exemple, il produit deux fois plus dans la même unité de temps de travail. Hélas, il produit la même richesse, mais avec deux fois plus d'unités, dont la valeur unitaire est ainsi divisée par deux. Il va donc être poussé à produire deux fois plus pour conserver la même valorisation de son capital productif. C'est ainsi que le SLC contient des contradictions indépassables :

– L'atteinte, un jour ou l'autre, mais on y est maintenant, des limites des ressources naturelles non renouvelables, dont les combustibles fossiles et les métaux rares. On le sait depuis longtemps, car il est impossible d'obtenir une production infinie, ce à quoi amène la concurrence capitaliste, dans un monde fini. Ce à quoi s'est ajoutée la crise climatique annoncée dès 1972 (rapport Meadows).

– La transformation du « doux commerce » censé pacifier (promesse : l'Europe, c'est la paix depuis 1957, Traité de Rome) en libre circulation compétitive de tout a mis les pays en concurrence sauvage. Celle-ci porte sur tout à commencer par les rapports de production et surtout les modèles sociaux qui furent gravement percutés par la révolution néolibérale des années 1980. Chaque pays essaye de sauver son accumulation, son profit (valorisation du capital investi) et sa croissance en vendant au maximum et en conquérant des parts de marché sur ses concurrents. La guerre commerciale se met à régner à la place de l'union. Le protectionnisme redémarre, le nationalisme s'exacerbe, la démagogie populiste progresse, la démocratie recule, le politique (qui détermine les fins d'une destinée de communauté politique souveraine) est remplacé par la « gouvernance par les nombres » (Supiot), par des hauts fonctionnaires et des experts. La « mondialisation heureuse » est finie pour les esprits qui voient bien les « dégâts du progrès ». Maintenant, on va se battre pour l'accès aux ressources qui à la fois se raréfient et se renchérissent. C'est déjà le cas pour l'eau des rivières et fleuves (exemples : la Chine s'empare des eaux du Mékong, l'Éthiopie de celles du Nil), la pêche, le blé, le bois, les « terres rares », les terres encore fertiles, les ressources profondes des océans.

– Le retour à la « lutte des classes » (remplacées par les néolibérales « catégories socioprofessionnelles » de l'INSEE, les « ménages » et les consommateurs) pour le partage des valeurs ajoutées issues des progrès de productivité a redémarré. Au beau temps des « Trente Glorieuses », les fulgurants progrès de productivité, la concurrence avec l'URSS et le modèle communiste et la reprise en main des destins communs par le pouvoir politique (États-providence) ont permis des merveilles. On a y vu : raccourcissement des durées du travail (journée, mois, année, durée de vie à la retraite), assurances sociales et retraites, impôts, cotisations et taxes pour financer les infrastructures et les services publics ouverts de façon égalitaire, politique de logement social, etc. Tout cela avait amenuisé la valorisation du capital, dopé la consommation et la croissance bien mieux répartie dans ses fruits et plus satisfaisante. Mais le néolibéralisme débuté vers 1980 a fait que le capital a repris les choses à son profit pour revaloriser le rendement financier des investissements. L'astuce de la révolution néolibérale a été la mise en place de la « contrainte extérieure » avec la libre circulation de tout (capitaux, marchandises, services, travailleurs) et la concurrence mondiale. Les capitalistes purent

« dégraisser », externaliser, délocaliser, envahir le champ des fonctions publiques en revenant à leurs buts fondamentaux : accumuler et faire du profit quoi qu'il en coûte aux peuples et aux travailleurs. Dans ce contexte, il apparaît clairement que les intérêts du capital et du travail sont tout à fait opposés, notamment pour le partage des gains de productivité (temps de travail et rémunérations). Du reste, c'est visible dans les chiffres officiels : la France a atteint en 2023 15,4 % de taux de pauvreté ; les inégalités y sont devenues astronomiques (les 20 % les plus riches gagnent 4,5 fois plus que les plus pauvres). La situation s'est aggravée sous Macron qui avait promis le ruissellement de la richesse. Et pourtant M. Attal veut remettre en chantier une énième réforme de l'assurance-chômage, ce qui va dégrader encore plus la situation des chômeurs.

– Le capital a « en même temps » besoin des travailleurs et d'améliorer la productivité, ce qui contribue à faire diminuer les effectifs au travail et devrait faire réduire encore plus la durée du travail. Mais le capitaliste refuse naturellement la baisse de cette durée, car son maintien augmente son profit, sous réserve de vendre. En effet, il empoche un surtravail accru. Le surtravail, chez Marx, c'est le temps de travail qui va au-delà de celui nécessaire au financement de la reproduction de « la force de travail ». Si, à un moment donné et dans un lieu précis, il faut 4 heures de travail pour pouvoir acheter les subsistances nécessaires à la vie de la famille du prolétaire, et que la journée de travail, grâce à la faveur juridique des gouvernants envers les capitalistes, est de 8 heures, le surtravail (ou plus-value absolue) est donc de 4 heures. Le libéral Ricardo avait déjà vu que pour abaisser les salaires, il n'y avait qu'à faire diminuer le coût des subsistances en important à bas prix. Cette combine demeure le mantra des gouvernants libéraux, notamment dans l'UE pour maintenir le pouvoir d'achat des prolétaires ; à quoi s'ajoute le crédit à la consommation qui a explosé.

Mais les progrès de productivité sont devenus tels (robotisation, automatisation, informatisation, IA, inventions, par exemple, des containeurs, organisation du travail, dopage de la motivation, notamment groupes autonomes de travail, groupes d'expression à la Auroux en France) que l'affirmation schumpétérienne (les évolutions conduisent au remplacement des emplois perdus dans la « destruction créatrice » par l'innovation) est agonisante. Avec l'IA, les réseaux internet, le contrôle à distance, etc., on peut déjà redouter un énorme abîme entre les populations en âge de travailler et le niveau des emplois. Cela est fortement aggravé par la possibilité de délocaliser dans des pays maintenant la durée du travail traditionnelle tout en mettant en œuvre des techniques modernes très productives (d'où un surtravail énorme, par exemple en Chine pourtant communiste). Cela n'est possible qu'avec des pouvoirs totalitaires qui, *in fine*, vont rafler la mise contre l'ex-Occident industrialisé. Le capitalisme tue le « travail vivant » qui, pourtant, est à l'origine de la production, de l'accumulation et de la valorisation des moyens de production. Cette contradiction devient manifeste.

– De gigantesques capitaux sont à la recherche d'un placement et cela pour plusieurs raisons. Il existe déjà des capacités productives excédentaires compte tenu de l'état de la demande solvable. On est donc en présence à la fois d'une surproduction et d'une sous-consommation comme en 1929 ! Il est donc inutile d'investir dans la production et les capitaux deviennent alors flottants, ce qui du reste explique en partie que les monnaies le soient aussi. Le maintien d'une durée du travail bien au-delà du temps de travail socialement nécessaire a aussi produit d'immenses profits à placer (d'où la libre circulation des capitaux amenée après, commencée, ô surprise, par les pétrodollars issus du doublement du prix du pétrole en 1973 ; d'où la bienveillance des gouvernants libéraux envers les paradis fiscaux). Par suite des trop fortes capacités productives, à horaires largement maintenus, et des gains liés aux différentiels de lois et de niveau de vie, d'immenses profits ont été engrangés. Les énormes fonds de pension par capitalisation sont aussi à placer. Cet excédent d'argent permit la valorisation du capital dans la spéculation, la dette publique, le crédit à la consommation.

– La stagnation de la valorisation du capital, du taux de profit, ce qui est la raison d'être des capitalistes de production. Cela est dû au remplacement du travail dans la production des travailleurs (le « travail vivant » des marxistes) par les services en tout genre. Or lesdits services ne produisent pas de valeur ajoutée ; ils sont payés par des prélèvements, en tant qu'emploi d'un revenu préexistant sur les résultats obtenus dans la production. Certes, ils sont utiles, mais ils ne sont que des facilitations de la production (comptabilité, publicité et force de vente, etc.) et ils sont souvent externalisés (sécurité, nettoyage). C'est là qu'on voit que la prise en compte de la consommation et de ces services dans le calcul du PIB est un non-sens fort intéressé : faire croire à la croissance en toutes circonstances.

– La disparition des garanties nécessaires au maintien de la confiance et à l'espérance dans l'avenir. Or, confiance, espérance et sécurité sont les ressorts de l'adhésion à un pacte social commun, de l'appartenance à une communauté de destin. La financiarisation a abouti à un mouvement désordonné incontrôlable. Tout flotte comme dans la devise de Paris, mais cela risque de sombrer comme les monnaies. La spéculation, qui permet de faire semblant de valoriser les investissements, peut conduire à un krach mondial, comme en 2008, et à la faillite des dettes privées et publiques. La situation et son avenir ne sont plus probabilisables. On a atteint, dans le régime du néolibéralisme financier, l'ère de l'incertitude radicale qui interdit toute projection dans le futur. Pour compenser la peur, qui naît de cette incertitude, pour faire face à une concurrence erratique, mais absolue, les pouvoirs sont devenus de plus en plus interventionnistes et autoritaires, ce qui est pourtant contraire à la pensée libérale. Cela dit au passage, il est aussi devenu manifeste que la monnaie (théorie libérale et quantitative de la monnaie comme simple voile, chose reprise par le monétarisme de Friedman !) est une puissance dont se servent les gouvernements sous le contrôle des « agences de notation ».

Tout cela montre que le SLC néolibéral, ce qui est accéléré par le primat de la finance sur l'économie, est en train d'agoniser. Et pendant ce temps, la corporation politicienne française se chamaille sur des queues de cerise au lieu d'essayer de bâtir un projet de changement, de remplacement dudit SLC. Elle pourrait s'inspirer de notre essai sur le socialisme libertaire...

Enfin, on peut se demander si cet étau n'est pas déjà encore plus puissant dans la financiarisation hyperlibérale des économies. Elle fait sauter la prétendue loi de l'offre et de la demande, chère aux néolibéraux partisans de l'efficience des marchés. L'étau existe surtout pour ce qui est de l'accumulation productive et incessante de capital et de marchandises postulée par les dérégulations néolibérales. Celles-ci ont été tellement permissives que la finance mondiale s'est envolée et a pris les commandes de la production. La finance spéculative a pu s'envoler par suite de la libre circulation des capitaux, de la rapacité des fonds de pension et de l'absence presque totale de régulation par les gouvernants acquis à l'idéologie néolibérale. M. Clinton avait même fait sauter la séparation entre banques d'affaires et de dépôts. Nous verrons comment ultérieurement dans l'étude XIV. En attendant, il nous faut constater que l'expansion et l'automatisme du néolibéralisme ont pu advenir parce que le pouvoir politique les a facilités. Ce qui nous amène à examiner la réalité de la démocratie. C'est devenu un trump-l'œil. En effet, la forme que prend le pouvoir politique n'est pas indifférente. Si la forme d'État unitaire, centralisé, caractérisée par la coupure dirigeants/dirigés et une hiérarchie verticale descendante (ce qui facilite la transmission des ordres et des règles) a éradiqué les autres (par exemple, le fédéralisme), c'est parce qu'elle permet plus facilement aux politiciens de favoriser le capital. L'histoire montre clairement que système capitaliste et État (centralisé ou fédéral uniquement pour la politique) ont partie liée. Nous allons voir comment.

Nous avons laissé de côté des contradictions assez gênantes, mais c'est parce qu'elles disparaissent quand on les replace dans le contexte d'un système-monde, dans le SLC néolibéral généralisé. Par exemple, il était étonnant de constater l'existence « en même temps » de la concurrence et de trusts, multinationales, monopoles ou oligopoles. C'est que le système-monde organise une hiérarchie des dominants (les oligopoles) VS les dominés (les entreprises en concurrence). Les dominants fuient la concurrence comme la peste et, mine de rien, ils ont obtenu (comme les GAFAM aux USA et l'automobile en Allemagne) l'oreille du pouvoir. Mais la concurrence ailleurs leur est nécessaire, car cela leur permet d'y faire en quelque sorte leur marché du moins-disant afin de diminuer leurs coûts de production. D'où la poussée des plus puissants pour obtenir la libre circulation des capitaux afin de pouvoir délocaliser, sous-traiter, acheter à bas prix à l'étranger. Il en est de même pour le marché du travail : le grand capital a besoin de subordonnés (ah ce bon vieux lien de subordination du travail au capital !) motivés et qualifiés afin de les stabiliser dans les espaces de domination occidentalisés du système-monde de production, de division du travail et d'échange. « En même temps », pour diminuer les coûts et être compétitif, il lui est fort utile qu'il perdure ici ou là des zones de formes variées de travail forcé. Enfin, on constatait la coprésence d'États très forts et de très faibles alors que la doctrine libérale limite le pouvoir politique au petit domaine régalien interne. L'étonnement s'évanouit quand on comprend que le SLC néolibéral a besoin d'être puissant pour s'imposer aux populations syndiquées et habituées aux dispendieux États-providence. En revanche, il nécessite des États faibles (souvent dirigés par des potentats locaux corrompus) pour exploiter leurs ressources sans vergogne dans un pacte néocolonial. De façon générale, un système-monde de domination installe une hiérarchie très inégalitaire lui permettant à la fois de diviser pour régner et de susciter des espérances de promotion (une hiérarchie, c'est une échelle de perroquets) pour soumettre certains compradores à la volonté de ses dirigeants. Donc, en réalité, de telles contradictions ne sont qu'apparentes. Elles sont annulées si on se place dans la perspective d'un système-monde de domination et d'exploitation. En revanche, c'est toujours le pouvoir politique qui fixe les règles de la répartition des richesses et de la division du travail. C'est pourquoi la nature de l'État, comme on va le voir tout de suite, n'est pas indifférente pour ce qui est de ses rapports avec les puissances économiques.

Étude V :

Un régime politicolibéral en trompe-l'œil

Le gros problème que devait résoudre la conception libérale du pouvoir politique est celui de faire en sorte que les individus, ces zéros atomisés, deviennent un souverain global et absolu totalisant tous les pouvoirs individuels dans une communauté de destin politique. La réponse fut la démocratie représentative. Celle-ci consacre l'expression des seuls individus dans l'isoloir (le si bien nommé) au lieu de la négociation des intérêts entre collectifs sociaux. Les tenants de la propriété capitaliste n'y ont rien trouvé à redire, car cette liberté atomisée des individus consacrait aussi celle de la propriété comme droit d'user et d'abuser (Code Napoléon de 1804). En outre, la séparation entre le politique et l'économique, sous le doux nom de neutralité des politiciens envers les pratiques économiques, impliquait que les dirigeants politiques ferment les yeux sur les affreuses outrances du capital vis-à-vis des travailleurs. C'était super, ce qui ne veut pas dire que cela résultait d'un complot vu que les pratiques n'avaient qu'à s'engouffrer dans l'abysse séparant politique et économie. On réalisait sans vraiment le savoir, puis devant les résultats, en le déniant, la sagesse du singe : ne rien voir, ne rien entendre, ne rien dire, comme M. Bayrou à Bettharam.

La conception libérale de la démocratie est structurellement fausse, car elle est entachée d'emblée d'un triple refus :

– Prendre en compte les collectifs, les groupements, les communautés avec leurs acteurs et dans leurs rapports de force au sein d'une société hiérarchisée par la division capitaliste du travail à l'origine du SLC, considérer comme centraux les rapports entre le politique et l'économique.

– Admettre que la société n'est pas qu'un ensemble d'atomes individuels ou de molécules zéro ou de molécules groupales isolées les uns des autres et pacifiques, car elle forme un système global saturé d'antagonismes et de conflits plus ou moins violents. Par l'opération sans doute du Saint-Esprit, le gloubi-boulga des masses atomisées devient ainsi le moteur d'un rassemblement souverain que la démocratie va représenter (d'où les incessants appels à l'union et au rassemblement des libéraux) !

– Ensuite, le néolibéralisme vendant dans le monde entier transforma l'État occidental faible et purement régalien du libéralisme démocratique premier en État fort et capable d'imposer les pratiques et les règles d'un SLC mondialisé. Ce qui amena rapidement un libéralisme qui rejette les souverainetés étatiques au profit de la souveraineté d'entités supranationales comme l'UE, les traités internationaux de commerce et même les firmes transnationales. Au début, l'État a poussé le capital à produire et exporter (voir le mercantilisme de Colbert) afin d'augmenter sa puissance vis-à-vis des autres pays. Dans la Révolution française individualiste et bourgeoise, il a systématiquement légiféré en faveur des capitalistes : poursuite contre les grèves et les « coalitions » ; aucun droit du travail ou social. Et à l'ère néolibérale, le pouvoir a légalisé la dérégulation en faveur de la liberté du capital, qui lui est resté partiellement subordonné. L'ère financière a fait que le pouvoir politique étatique a été capté par le système capitaliste.

Toute société doit disposer d'un pouvoir politique (PP) pour coordonner les activités sociales, normaliser les relations entre acteurs et réguler ce grand tout que constitue une communauté de destin existant à très long terme. Mais ledit PP peut revêtir de multiples formes. L'une, hélas de loin la plus répandue, est celle de l'État situé en surplomb de la société civile, en extériorité vis-à-vis de celle-ci, indivisible, centralisé, unitaire, absolu, tout-puissant et instaurant une profonde coupure dirigeants/dirigés, de même qu'une hiérarchie verticale et descendante. En revanche, la forme contraire d'un PP interne, partagé, pluraliste, décentralisé, fédératif sur toutes les dimensions sociétales, est fort minoritaire et existe (et a existé ; conseils en Hongrie en 1920, soviets en 1905, CNT en Espagne en 1936) surtout comme projet d'un socialisme libertaire (voir mon essai de 2020 chez L'Harmattan : *Pour un projet libertaire anticapitaliste*). Le libéralisme va choisir la forme étatique, mais démocratique. Le néolibéralisme fera tout pour réduire le PP au régalien (essentiellement l'ordre public) et pour qu'il soit au service de l'économie capitaliste. L'aspect démocratique lui est assez indifférent et il se contente volontiers d'un pouvoir des experts, des technocrates pourvu qu'ils soient idéologiquement prêts à lui obéir. M. Hayek admirait Pinochet tout en considérant son pouvoir comme provisoire.

Dans l'idéologie libérale, l'État doit être neutre en économie et pour toutes les conceptions du monde, les morales, les religions. Cela, c'est la doctrine officielle, mais, en pratique, le PP doit favoriser l'économie libérale, laquelle promet d'être bien plus efficace que l'étatisme plus ou moins collectiviste. La chose est même inscrite dans la Constitution ordo-libérale allemande. Ce postulat de neutralité a pour but de cacher que, en coulisses, les puissants en économie se sont infiltrés dans les trous de la démocratie représentative pour conserver le pouvoir d'influencer économiquement la société. L'abstention économique du PP n'est que le paravent de ce que, en fait, les propriétaires des moyens de production continuent de diriger un des aspects essentiels de la société, à savoir la nature de son économie. Le néolibéralisme a besoin d'un gouvernement fort et centralisateur pour imposer son règne sur la société dans les pays appartenant au centre du système-monde. C'est merveilleusement réalisé en France où l'administration étatique se juge elle-même (filière de la justice administrative allant jusqu'au Conseil d'État avec des juges qui ne sont pas juristes, mais énarques ; la justice étatique est à la justice ce que la musique militaire est à la musique) dans une mirobolante Cour de justice de la République fort bienveillante envers les politiciens. Nous avons en outre un Conseil constitutionnel « nommé », une centralisation-normalisation épouvantable, un abaissement des syndicats et du droit social, un mépris pour les corps intermédiaires et les collectivités locales. Et il faut ajouter une institution judiciaire comme simple autorité éclatée façon puzzle en de multiples tribunaux (de commerce, du travail, des affaires sociales, de l'armée, etc.). Il ne nous manque que des tribunaux religieux. Cela viendra, car la France politicienne est de moins en moins laïque et gratuite, mais toujours, de plus en plus obligatoire.

La démocratie se situe dans le libéralisme originel, toujours celui des Lumières, mais dans leur version rousseauiste de la souveraineté du peuple. La justification fondamentale de l'ordre social y était fondée sur la liberté et la propriété. Las, dès le départ, la bourgeoise, libérale en politique et contre les obscurantismes et obstacles dressés envers les libertés, a perçu les dangers du pouvoir du peuple. Des démagogues et des populistes, des multitudes informes et ignorantes, des envieux de la richesse des autres et des dirigeants, des « anarchistes », des nihilistes, des révolutionnaires pouvaient, via les élections, s'emparer du PP et le faire servir leur cause contre la sacro-sainte propriété. Rappelons au passage que pour les partisans des Lumières, la démocratie reposait sur l'éducation et l'instruction du peuple, comme le souligna Condorcet lors de la Révolution française. Mais les bourgeois n'étaient guère prêts à financer cette éducation. Ils préférèrent une solution bien moins coûteuse : le suffrage censitaire (être riche prouvait la compétence des candidats pour gérer la société), masculin (« souvent femme varie, bien fol est qui s'y fie »), les équilibres juridiques comme protection (les fameux *checks and balances* des USA ou la séparation des pouvoirs de Montesquieu). Ainsi, les libéraux pensaient s'assurer contre les égarements populaires. Cela n'a pas évité, bien au contraire, de multiples révolutions, notamment en France, ce peuple de « Gaulois réfractaires ». Cette fausse démocratie, prétendument représentative et détenant le pouvoir d'État ou souveraineté, était nécessaire au développement du capitalisme propriétaire, de même que la forme-État unitaire et centralisé du pouvoir politique devenu après néolibéral. C'était nécessaire pour mettre la souveraineté au service de l'économie libérale en l'ôtant des mains voraces et incompétentes du peuple. Celui-ci pouvait, grâce à la démocratie, imaginer qu'il demeurait souverain. Rappelons que pour Bodin : la souveraineté est le « pouvoir de donner et casser la loi ». Si le PP sombrait dans les mains avides des masses « illettrées », alors ce maudit peuple, à moins d'en changer comme chez Brecht, était capable de voter la fin de la propriété privée des moyens de production. Et, même, pour asseoir la légitimité des représentants du peuple, lorsque le suffrage devint universel, le libéralisme inventa les alternances qui font que tout change (apparemment) pour que rien ne change (c'est la Lampedusa, pas celle d'Aladin).

Pour se donner une idée des inventions libérales pour conserver le monopole du pouvoir sous le masque d'une démocratie à la Potemkine ou Canada dry, il suffit d'examiner la Constitution de la Ve République française. Tout y est ficelé pour perpétuer le pouvoir de la corporation des politiciens et le mandarinat des hauts fonctionnaires et autres experts. La honte et le sens de l'honneur s'étant évanouis des consciences des politiciens, les vaincus ne démissionnent même plus comme l'a inauguré Mitterrand. On obtient ainsi une chambre « introuvable » où les ouvriers et employés (52 % du peuple) ont moins de 3 % des sièges.

Rappelons que la relation État-infini de pouvoirs et zéros atomisés (formant société d'intérêts harmonieux) est totalement déséquilibrée puisque dans la démocratie libérale, les groupements sociaux, les structures inégalitaires entre acteurs plus ou moins bien organisés et conscients d'eux-mêmes et les cadres sociaux de l'action ne sont pas pris en compte lors du suffrage atomistique. Ce déséquilibre a fait que les politiciens, prisonniers de systèmes interétatiques comme l'UE, se sont focalisés sur l'exigence de compétitivité et ont tout permis pour que leurs capitalistes s'en sortent : subventions, détaxations, horaires et conditions de travail, fiscalité, droit social, normes techniques et sanitaires, droits de douane, TVA sociale, dévaluation, etc. La société, par suite des manipulations de ses élites, s'en est trouvée insérée dans le système capitaliste qu'elle le veuille ou non. Cela a été facilité par l'extraordinaire émiettement des États, notamment à l'ONU, où des mini-États sont mis sur le même plan que des grands ou des immenses. Cela permet sans doute au système-monde néolibéral de mieux régner et de perdurer. En effet, face aux micro-pays, demeure le droit de veto de 5 pays au Conseil de sécurité, pays qui ont en commun leur appartenance audit système-monde. Il en va de même dans une UE très hétérogène, tant en taille des pays qu'en niveau de vie, ce qui permet au plus puissant de dominer leur division. Cette balkanisation des pays permet aussi la montée en puissance des paradis fiscaux qui sont si commodes pour planquer les bénéfices et faire de l'optimisation fiscale.

Une bonne façon d'examiner les rapports entre PP et libéralismes est de voir le contenu des lois votées. Dans la démocratie libérale d'antan, il s'agit avant tout de sauvegarder les libertés individuelles et les domaines régaliens d'action de l'État, qui est pour cette raison neutre et assez faible. Dans le néolibéralisme actuel, les lois sont de détricotage de ce qui a été fait dans les domaines public et social lors des Trente Glorieuses (chose réclamée par M. Kessler sous le bon mot : il n'y a qu'à faire l'inverse du programme du Conseil national de la Résistance de 1944). Les néolibéraux, dont l'idéologie est analogue à celle des puissants économiques, car « la noblesse d'État » est formée dans les mêmes « séminaires de l'aristocratie » que les grands manageurs, dérégulent à tout va pour gagner dans la course à la compétitivité. Pour cela, ils ont besoin d'un État fort, interventionniste pour propulser une législation pro-SLC mondialisée et souvent répressive pour faire taire les opposants et, en fait, se débarrasser du problème en s'appuyant sur « la contrainte extérieure ». Dans l'hyperlibéralisme, il n'y a plus vraiment besoin d'État, car sa souveraineté a disparu dans des instances internationales comme l'UE. Cependant, il importe de le conserver en tant que démocratie, afin de faire accroire à la légitimité des lois d'adaptation (en fait plutôt de l'abolition de toute loi), à la spéculation financière mondiale. Il s'ensuit que la forme du régime politique peut être celle d'une « démocrature » autoritaire pourvu qu'elle conserve, comme le vinaigre les cornichons, les apparences démocratiques. Il est en effet important de prendre en considération la souveraineté du peuple, mais en la rendant inefficace. Cependant, les réalisations étatiques et les conséquences de la mondialisation-financiarisation des sociétés dépendent largement de la façon pratique dont est résolue ou outrepassée la contradiction fondamentale de la démocratie libérale signalée par Marcel Gauchet (*Le Nœud démocratique*) : comment passer d'une masse informe d'individus isolés à son rassemblement en tant que communauté de destin unifiée, comment alors déterminer le bien commun ou l'intérêt général ? Le problème est aggravé par le droit-de-l'hommisme qui sévit dans les démocraties libérales, puisque tout le monde est habilité à faire admettre ses désirs particuliers comme légitimes. Or, ils ne sont pas forcément compatibles ; par exemple il y a opposition entre les partisans de l'avortement et les contre. Il est donc de plus en plus difficile de « faire société » dans ces conditions. Ce qui est aggravé, et décrit dans le chapitre suivant, par les pratiques fiscales et budgétaires mises en place par suite de l'expansion du néolibéralisme financier.

La forme étatique, unitaire, centralisée, jacobine, hiérarchique du pouvoir politique est particulièrement prisée par les trusts économiques. En effet, il n'y a que les dirigeants et les hauts fonctionnaires à circonvenir, pour ne pas dire corrompre. En outre les oukases descendent rapidement de la hiérarchie étatique. Enfin, elle passe pour légitime alors qu'elle n'est que légale. C'est pourquoi l'établissement du budget (voyez ce pauvre M. Bayrou qui le cherche sans fin) et la fiscalité sont devenus des variables-clefs de l'adaptation de la France au système-monde néolibéral et au système UE ordo-libéral.

Étude VI :

Budget, fiscalité et justice sociale

En univers néolibéral compétitif et mondialisé par la concurrence internationale, la politique consiste à favoriser le capital tout en diminuant tous les coûts sociaux qui handicapent la compétitivité du pays. Il faut diminuer la dette et son service (près de 50 milliards par an en France maintenant, 70 dans pas longtemps avec une dette de 3 300 milliards, soit 115 % du PIB), il faut rogner sur la protection sociale et son coût (630 milliards pour la Sécu, dont 400 pour les retraites), abaisser ou privatiser les services publics faire des économies. Les gouvernements libéraux ont bien compris que pour concourir vers le moins-disant afin d'augmenter les parts de marché du pays, il fallait diminuer les frais généraux de la nation quitte à sabrer dans les dépenses sociales ou écologiques, ce qui vient d'être repris, par exemple avec la proposition de loi Duplomb. En outre, il faut réajuster les dimensions fiscales qui peuvent rendre le pays moins attractif et faire fuir les capitaux. Une bonne variable d'action est la fiscalité ; par exemple, un tiers des bénéfices des multinationales va dans des paradis fiscaux, notamment en Irlande et aux Pays-Bas. La première chose que fit M. Macron, après son arrivée au pouvoir, en 2017, comme « socialiste » (en fait un libéral pur sucre, mais dissimulé), fut de supprimer l'impôt sur la fortune et d'installer une *flat tax* à 30 % sur les revenus financiers. Soyons juste : il a ensuite supprimé la taxe d'habitation. L'énorme génial budget de Trump, qui vient d'être voté, va abaisser drastiquement Medicaid (sorte d'assurance-maladie pour les pauvres) et « en même temps » diminuer les impôts pesant sur les riches. Du coup, le déficit budgétaire, déjà énorme (1 360 milliards de dollars, en 2024) va grimper de 3 300 milliards sur 10 ans. Il a aussi supprimé les 42 milliards des USA pour l'aide publique au développement sur les 58 mondiaux. M. Trump, qui vient de diminuer les impôts des riches, veut trouver de l'argent pour le budget. C'est pourquoi il prend les droits de douane comme ressource alors que le « Consensus de Washington » impose l'inverse aux pays en voie de développement (pour lesquels les pays riches viennent de diminuer l'aide au développement). En outre, il joue sur la dévaluation de fait du dollar, ce qui renchérit les importations.

La fiscalité est une arme redoutable aux mains du pouvoir politique. Le financement du budget montre les orientations sociopolitiques suivies et révèle l'appartenance soit au libéralisme (budget maigre et axé sur le régalien), soit au néolibéralisme (budget au profit de l'accumulation, des bénéfices de la production, limitant ou diminuant la protection sociale, favorisant les forces de maintien de l'ordre pour pouvoir imposer « la contrainte extérieure » de la mondialisation), soit à l'hyperlibéralisme (budget marqué par une fiscalité exonérant les revenus du capital, des rentes, des riches). On voit qu'il n'y a pas de budget sans fiscalité, d'un côté, et sans dégrèvements, subventions, détaxations, de l'autre. Rappelons que le gouvernement français qui cherche 44 milliards (en fait ce devrait être plus de 100) oublie qu'il subventionne les entreprises pour 210 milliards par an (notamment avec les suppressions ou baisses de cotisations sociales en dessous de 1,6 SMIC). Un budget est toujours la différence entre des rentrées fiscales pour l'essentiel et des dépenses ou exonérations en tout genre en fonction des acteurs que le pouvoir choisit de favoriser. Cette différence (occultée par le pouvoir), c'est le déficit budgétaire (près de 6 % du PIB, en 2024), qui, sous Macron, est essentiellement dû aux exonérations et aux subventions en faveur du capital et de ses détenteurs, tout en essayant grosso modo de ne pas diminuer de trop les dépenses sociales surtout quand surviennent des dépenses imprévues (Covid, Gilets jaunes, par exemple). Le degré de justice fiscale doit en partie s'apprécier sur la répartition entre les impôts directs comme l'IRPP (77 milliards en 2022) et les indirects comme la TVA (160 milliards sur un total de 1 200 en recettes fiscales) ou la TICPE. On note la pudeur de Violette (un mensonge) d'appeler indirects des impôts en fait bien plus généraux ou massifs et plus injustes que les directs. La TVA rackette tout le monde et surtout les plus pauvres. La moindre des choses serait de moduler fortement la TVA en allant de 0 % pour les produits de nécessité, comme l'eau ou l'électricité et le gaz, à 100 % pour les produits de luxe et à 200 % pour le grand luxe comme les yachts ou les voitures du genre Maserati ou Porsche. On vient d'apprendre que la TVA sur l'abonnement au gaz va passer de 5,5 à 20 %, ce qui est se moquer de la justice sociale. Le pouvoir promet de ne pas augmenter les impôts, mais, visiblement, cela ne vaut pas pour les taxes et cotisations ! Pour boucler son budget 2023, le pouvoir va utiliser les bonnes recettes ou rustines comptables : « une année blanche », par exemple, donc pas d'augmentation des pensions, une sous-indexation des retraites, économies de bouts de chandelle, énième chasse aux fraudeurs, augmentation des cotisations, etc.

Les fiscariotes qui nous gouvernent imaginent maints impôts, taxes, cotisations, redevances, droits, écoparticipations, vignettes, péages, douane, droits d'accise ou de consommation, etc., pour plumer les citoyens. Ils sont aussi très habiles pour transférer les charges de Pierre sur Paul, pour transformer un prélèvement obligatoire (le *benchmarking* européen et mondial stigmatise les pays qui enfreignent les normes et les standards ; la France avec des Prélèvements obligatoires à plus de 46 % du PIB bat tous les records) en cotisations volontaires, c'est-à-dire en impôts déguisés. Par exemple, pour diminuer le trou de la Sécurité sociale, on transfère des charges sur les mutuelles complémentaires qui ensuite sont forcées d'augmenter leurs tarifs. La fiscalité est un excellent moyen non seulement de financer le budget, mais encore de subventionner des copains, d'inciter vers ce que le pouvoir veut, de punir des ennemis, de noyer le poisson dans un maquis bureaucratique et papyracé.

La fiscalité jouant un rôle essentiel dans le budget et posant des problèmes de justice sociale et de redistribution, il nous faut alors considérer que les dimensions budgétaires et fiscales, étroitement reliées font partie des variables de commande du SLC, bien qu'elles soient aussi révélatrices des pratiques et des actions secondaires de la configuration d'acteurs ayant le pouvoir.

Dans ses objectifs vis-à-vis de la société, le gouvernement oriente ses options fiscales en fonction de son idéologie. Les gouvernements néolibéraux en reviennent aux pratiques libérales et malthusiennes du XIXe siècle, ce qui milite pour l'emploi du préfixe néo. La moindre des choses serait, comme déjà vu, de moduler fortement la TVA. Il faut aussi laminer la protection sociale, qui amène trop de prélèvements obligatoires, responsabiliser individuellement (à bas l'assistanat) tout le monde en le chargeant de s'assurer lui-même contre les aléas de la vie. Il va de soi qu'une telle politique accentue les inégalités, produit de la pauvreté et de la précarité, amène des morts prématurées, mais ce qui compte, c'est la prospérité des classes supérieures du pays, pas celle des irresponsables et inaptes au *struggle for life*.

Mais notons aussi que les ressources du budget permettent tout au pouvoir : arroser ses amis du capital et ses féaux, payer sa garde prétorienne, vivre aux frais de la princesse (comme Mitterrand et sa deuxième famille), acheter des biens en douce, multiplier les retraites perçues (voir les multiples retraites de M. Hollande ou de M. Barnier), etc. Et, « en même temps », on se propose de rendre gratuite une journée (2 chez M. Bayrou) de travail à la place d'un jour férié, de travailler 7 heures de plus sans gagner plus. Les fiscariotes ne se rendent pas compte que cela a déjà existé : cela s'appelait la corvée, et que cela tuerait le slogan : travaillez plus pour gagner plus ! Via la fiscalité, l'assistance publique peut diminuer et le pouvoir alors en appelle à la charité à la place de la justice ou aux assurances privées au lieu des mutuelles.

Rappelons aussi que le budget permet de payer les services publics (qui n'ont pas à être bénéficiaires) qui sont des instruments de justice sociale, car ils offrent à tout le monde des moyens d'égalité des chances (l'éducation, par exemple) et d'accès à des services indispensables comme les infrastructures publiques ouvertes également à tous. Ce sont aussi des moyens de régulation et de coordination des activités et des rôles sociaux et de solidarité collective. Diminuer les budgets publics est un vieux moyen du néolibéralisme pro-SLC, afin de détruire à petit feu un service public, de l'accuser ensuite d'inefficacité et de refiler son activité au privé avide d'étendre son champ d'action profitable et soi-disant plus efficient. C'est ce qu'on a vu avec la faillite du rail en GB et maintenant sa renationalisation. Cela, du reste, correspond à la logique du capital de s'approprier tout domaine rentable. L'hyperlibéralisme essaie aussi d'atteindre les activités du domaine privé et les gouvernants laissent faire. Par exemple, les entreprises comme Uber, les « plateformes » de service comme la livraison de repas à domicile, la location de logements, les réseaux sociaux des GAFAM (payés par la publicité en fonction du nombre, gratuit, de participants) ne sont pas taxés à la hauteur des fonctions classiques. Cela facilite leur emprise et leur concentration et les emplois sous-payés, sans protection sociale (grave atteinte à la justice), et précaires.

La fiscalité, comme disait Colbert, le rédacteur de l'abominable Code noir de Louis XIV, ressemble au plumage des oies : il faut la percevoir énergiquement sans qu'elles ne crient trop. C'est pourquoi le pouvoir (modérément en univers libéral, bien plus dans le régime néolibéral et uniquement sur les petits et le travail dans le monde hyperlibéral) et les fiscariotes de « la noblesse d'État » (Bourdieu) inventent des impôts, directs, indirects (taxes), des droits, des redevances, des contributions, des droits d'accise, des cotisations pour plumer les travailleurs.

Les gouvernements libéraux montrent une forte préférence pour les taxes qui pèsent sur la consommation de façon injuste (TVA, qui, du reste, s'applique sur les autres taxes, par exemple sur l'ex-TICPE sur les carburants), car même les plus pauvres les paient. C'est que ces taxes, qui concernent toutes les consommations (donc aussi les pauvres), sont assez indolores et peuvent être graduellement augmentées. Par exemple, la CSG qui, de cotisation Sécu, est devenue en fait une taxe d'État, est passée en catimini et à petites doses de 1 % lors de sa création par Rocard à 9,2, plus la CRDS à 0,5 ! Si, vous, simple pékin, lisez votre facture d'eau, vous y trouvez une étonnante « taxe sur les voies navigables » créée par Pasqua (du SAC et de corde montrée par la tuerie d'Auriol). Les taxes sont particulièrement injustes et c'est pourquoi, pour atténuer les révoltes, elles sont modulées en fonction de leur degré de nécessité (5 % de TVA sur les produits de base, 20 % comme taux général).

Cependant, certaines taxes constituent de véritables gabelles, car elles imposent un produit ou un service indispensable à un taux astronomique. Lisez votre facture d'électricité à Paris : la somme des taxes et surtaxes représente presque 40 % du montant. Itou pour l'ex-TIPCE (devenue « accise » sur les produits pétroliers), plus de 60 % et, en outre, quand le prix du pétrole augmente, les taxes aussi ! C'est une des raisons pour lesquelles les fiscariotes gouvernementaux tiennent tant à la croissance de la consommation : c'est juteux en taxes. Et pour l'électricité existe une taxe cachée, à savoir la redevance de concession (60 millions d'euros) versée à la ville de Paris. C'est vrai aussi pour toutes les communes, car il s'agit d'une redevance de concession d'un service public à la gestion privée !

Côté impôts directs, l'IRPP ne représente plus que *peanuts* dans les recettes (77 milliards) et l'IS a été ramené sous Macron à 25 % au lieu de 33. Nous sommes devant un mystère : les PO (prélèvements obligatoires) sont à 46 % du PIB et les dépenses (publiques et sociales, différence essentielle gommée par le pouvoir) à 57, soit 11 points d'écart. Le trou, c'est déjà du déficit officiel, soit près de 6 % en 2024. Il manque 5 à expliquer ; ce sont des redevances cachées, des dividendes reçus (notamment de la vache à lait EDF), les hypothèques, les pseudo-services rendus (exemple : le paiement par le contribuable de la perception de la taxe foncière à 60 € alors que cela coûte au maximum 10), la vente aux enchères du droit d'utiliser, par exemple, les fréquences hertziennes qui est finalement payé par les usagers d'un bien immatériel (n'appartenant pourtant à personne et étant une construction intellectuelle). L'imagination est fertile pour dissimuler l'abîme. Les taxes sont un bon moyen de camoufler des exonérations de façon, par exemple, que les pollueurs ne soient pas les payeurs. Ainsi, en France, les agriculteurs (en général les gros productivistes de la FNSEA) ne paient presque pas de taxes sur l'eau ou le gazole, alors qu'ils sont de très gros consommateurs, contrairement aux pékins des usages domestiques.

Les taxes ou les subventions et exonérations sont très utiles comme « incitations » (le moyen moderne du néolibéralisme pour imposer une activité nouvelle) pour la production et la consommation. Il y a aussi la création par la loi de nouvelles « niches » (plus de 400 actuellement en France pour 85 milliards) en faveur du capital et de la perception de taxes : exemple, l'obligation du contrôle technique des véhicules, étendue récemment aux motos et voiturettes sans permis. Et, comme on le sait, dans chaque niche il y a un chien qui surveille son os.

Notons que la fiscalité, comme le budget, n'intervient qu'après coup quand elle vise à corriger les inégalités de revenus. Cela laisse entière la question des inégalités antérieures, dans la division du travail, l'organisation de ce dernier, la hiérarchie des rémunérations, etc. La justice doit aussi irriguer ce domaine au lieu de se contenter de compenser *a posteriori*. Par exemple, les néolibéraux ont laissé ou fait modifier le partage du revenu national : au lieu de 70 %/30 en faveur du travail, on est à 60/40. On sait aussi que les revenus financiers sont moins taxés que ceux du travail.

Penchons-nous concrètement sur les impôts, taxes et cotisations en France. Les libéraux assimilent les cotisations sociales, qui sont des assurances sociales publiques, à des impôts relevant des prélèvements obligatoires (PO). Or, le coût de la santé, c'est 12 % du PIB en France contre 18 % aux USA qui, cependant, sont loués, car ils ont moins de PO. Ensuite, il faudrait prendre en compte toutes les détaxations et calculer en réalité un PO net (PON), où lesdites détaxations seraient enlevées afin de ne pas stigmatiser le secteur social à dessein. Par exemple, il faudrait enlever aussi les 85 milliards des niches fiscales et les au moins 210 milliards de subventions aux entreprises. Les fiscariotes énarchiques ne font jamais ce simple calcul du PON afin d'affoler les populations et cacher la vérité : il n'y aurait pas de trou de la Sécu sans les détaxations patronales. Au passage cela permet aux trusts, comme LVMH, de venir crier famine alors qu'ils payent bien moins que les petites entreprises (PME, PMI, TPE, artisans) les charges générales du pays. Les entreprises payent environ 154 milliards d'impôts, mais en reçoivent au moins 210 de subventions camouflées. Rappelons que ces aides ne sont assujetties à aucune obligation de résultat, de création d'emplois ; en outre, pas de délocalisation, dépenses écologiques, développement des exportations, etc. La seule chose qui compte pour les fiscariotes et les gouvernements, c'est une comptabilité équilibrée, ce à quoi, du reste, ils ont failli depuis longtemps. De façon générale, la fiscalité en France est devenue une nébuleuse où une chatte ne retrouverait pas ses petits. Le code des impôts est aussi gros que celui du travail et n'est pas stigmatisé comme ce dernier. Cela permet de cacher la forte augmentation des inégalités de patrimoine et de revenu, comme l'a démontré Piketty. M. Zucman (approuvé par plusieurs Prix Nobel) a proposé une taxe sur les ultra-riches (2 % sur les patrimoines de plus de 100 millions d'euros). C'est en train d'être refusé par la droite néolibérale française associée au RN. La seule vraie question : quelle doit être la juste répartition de la charge fiscale entre acteurs sociaux afin d'avoir un financement équilibré du budget de la communauté de destin politique ? n'est pas posée. Et pour cause, car cela arrêterait le ronronnement mensonger des libéraux. La complication bureaucratique actuelle a été créée à dessein afin de camoufler que ce sont les plus pauvres qui payent une imposition disproportionnée par rapport à leur revenu et à leur patrimoine. Mais ils l'ont vu et maintenant il est devenu fort difficile de les taxer encore plus. Les gilets jaunes l'ont prouvé. Les petites gens ont constaté les privilèges de « la noblesse d'État » qui normalise, centralise, taxe. Ces apparatchiks politiques et administratifs sont pléthoriques, hors du vécu quotidien, laxistes, car ils sont « en même temps » irresponsables, vu que ce ne sont pas eux qui payent les conséquences de leurs décisions ni juridiquement ni monétairement et car ils peuvent exciper de la contrainte extérieure qu'ils ont eux-mêmes réclamée…

Nos fiscariotes néolibéraux sont pris dans une contradiction : obéir aux normes de Bruxelles et du néolibéralisme et pourtant être réélus, car les populistes les concurrencent. C'est pour cela qu'ils s'abritent derrière des approches comptables, monétaires et quantitatives, derrière des règles bureaucratiques, hors de portée des non-spécialistes, en niant que le vrai problème est la politique qu'ils mettent en place en faveur de leurs amis du capital. Ils n'affichent que du comptable conforme aux normes du SLC : abaisser les coûts sans cesse et tenir le budget tout en ne brusquant pas le peuple.

La solution, depuis 1974, c'est le déficit. Hélas, ce n'est plus possible, car les agences de notation sont menaçantes de même que l'UE. Alors, maintenant le pouvoir, discrédité, cherche des économies à faire pour éviter le sort de la Grèce assassinée en 2010 par la « troïka » (FMI, UE, BCE). C'est un concours Lépine où a remonté le serpent de mer de la réforme des retraites. Voyons cela.

Les néolibéraux partisans du SLC mondialisé sont pris dans l'étau de la logique concurrentielle et celui de la contrainte extérieure. Dès lors, pour eux, il n'existe qu'une solution : faire comme les autres, soit passer l'âge de la retraite à 67 ans et instiller une dose de capitalisation en plus de la répartition. Car les fiscariotes néolibéraux français sont courageux, mais pas téméraires : il ne faut pas pousser le peuple à la révolte. L'avantage d'une dose, c'est qu'on peut ensuite la faire grossir jusqu'à, à la fin, avaler toute la répartition, à la façon des rondelles staliniennes de salami ou des petits pas progressifs de non-retournement. Et on affichera 64 ans pour commencer en se promettant in petto (ou in roi Pétaud) d'aller jusqu'à 67. Ces malhommes, évidemment, ont négligé que faire ainsi (aller vers le SLC à petites doses) conduisait au déficit et à la montée de la dette. Au début, M. Macron en pinçait pour un système à la suédoise (capitalisation personnelle de points, le pouvoir ayant le droit de manipuler la valeur du point, par exemple, en fonction de la démographie ou de la santé de l'économie). Ce modèle suscite des résultats médiocres, mais les Français sont meilleurs que les autres et feront mieux. Macron n'osait pas aller vers la capitalisation financière des USA, car la crise des *subprimes,* en 2008, avait ruiné des millions de retraités (effondrement de la Bourse, du prix des titres, donc, des retraites qu'ils payaient). Nous en profitons pour noter que la capitalisation, les primes, les intéressements, les salaires variables en fonction des performances, sont des rustines typiquement favorables au SLC néolibéral, car tous les risques sont reportés sur les salariés et car c'est leur argent qui va alimenter la course folle aux profits capitalistes. C'est faire financer le capitalisme qui exploite les salariés par ceux-ci ! Rappelons que, seuls au monde, les gouvernants français ont inventé en matière de retraite la ceinture et les bretelles ou la double peine : un âge officiel de mise en retraite et des années de cotisations permettant un bonus/malus sur le montant des pensions. Mais, subito, le Premier ministre (Philippe) d'alors cassa l'approche suédoise : il imposa la règle des 64 ans que M. Bayrou a reprise, contre ses promesses de rénovation du dialogue social, au prétendu « conclave » (il est papiste) des partenaires sociaux. Il faut comprendre cette fixette des 64 ans. C'est que le gain ou l'économie réalisée est immédiat : entre son départ et 64 ans, le salarié contraint par les règles ne touche rien au grand plaisir des patrons qui virent les salariés âgés dès 55-58 ans (ils coûtent plus cher que les jeunes) et des caisses de retraite qui ne versent rien. Hélas, cela grève quand même l'assurance-chômage ou le RSA versé par les départements, ce qui permet de dire ensuite que les collectivités locales dépensent trop alors que l'État s'est désengagé. En outre, c'est une vieille combine fiscariote et comptable qui transfère les charges au lieu de les abaisser. Les gouvernants entendent régler les problèmes par la méthode néolibérale du calcul comptable et comparatif, ce qui permet de ne rien faire contre les excès du SLC et de certains patrons. Il ne faut pas toucher à un système si lucratif pour les uns et inégalitaire pour la majorité des autres. C'est pourquoi ils prennent l'âge de la retraite comme variable de commande en niant que la seule réelle, ce sont les conditions de travail, c'est le régime du travail par ailleurs loué et « en même temps » exploité sans vergogne. Les gouvernants néolibéraux ne se demandent jamais (ou font semblant) pourquoi les Français tiennent tant à l'âge de 62 ans pour la mise en retraite. Eh bien, regardons cela.

C'est pour de multiples et très bonnes raisons, qui visiblement sont ignorées par les énarques, gouvernants, politiciens et journalistes fort désireux de diminuer le déficit budgétaire sans faire peur aux tenants de l'ordre néolibéral pro SLC. C'est-à-dire à leurs amis de la finance internationale. On les verra infra. Mais le problème remonte à bien plus loin dans l'histoire.

Il remonte à la Révolution française, en fait hyper libérale, dont la vraie devise est : propriété, liberté absolue d'icelle, égalité (théorique) des citoyens, individualité absolue et libre des humains. On vit très rapidement que l'égalité était une blague tant les rapports entre patrons et ouvriers étaient marqués par des inégalités énormes et croissantes. C'était le règne du renard libre dans le poulailler libre, car il suffisait de signer un contrat de travail entre deux individus également libres, sans tenir compte de la disproportion des forces et moyens en présence. C'est ce qui a amené la protestation de Proudhon contre la propriété absolue afin d'aboutir à une équilibration des forces. Qui plus est le prétendu contrat de travail entre égaux libres installait un lien de subordination du travailleur envers le patron. Belle conception réelle, appliquée, pratiquée, de la liberté et de l'égalité ! Les radicaux crurent compenser en créant la méritocratie scolaire en vue de l'égalité des chances sans toucher aux inégalités en place via la propriété. Puis les « solidaristes » installèrent quelques droits-créances en faveur du travail (au nom de la dette sociale du pays à l'égard du travail). Rappelons que le monde ouvrier n'avait pas attendu la charité ou l'assurance publique. Il avait créé des sociétés de « secours mutuels », pourchassées par les pouvoirs pendant des décennies. Rappelons que les grèves (coalitions) et les syndicats étaient interdits depuis la Révolution française.

Bref, pendant fort longtemps, le travail n'a disposé d'aucune garantie et a été littéralement asservi ; d'où la conception de la retraite comme liberté enfin retrouvée à condition d'avoir encore du temps et des moyens pour la vivre. C'est ce que rogne sans cesse le pouvoir politico-financier en retardant l'âge et le montant de la mise en retraite ! Le vrai problème ne réside pas dans la retraite, mais dans la façon dont le travail (valeur suprême des libéraux réactionnaires, qui, « en même temps » assassinent les travailleurs et forcent les chômeurs au travail quoi qu'il leur en coûte) est traité, ce qui amène les travailleurs à s'en échapper le plus tôt possible :

– Le patronat fait tout ce qu'il peut pour que les personnes âgées de 55 à 60 ans ne puissent pas rester au travail. Il n'a trouvé ni cherché, au contraire des pays du nord de l'Europe, des moyens d'aménager le travail des séniors de façon que leur taux d'emploi soit assez élevé (norme de *benchmarking* européen). Il pousse à l'âge de 64 ans le droit à la retraite tout en virant ses vieux salariés, car les jeunes sont moins chers et moins syndiqués, plus productifs. Donc, par exemple, entre 58 ans (viré) et 64 (droit à une pension), le vieux travailleur a droit au RSA (ce n'est pas la même caisse qui paie et le pouvoir a tout fait pour abaisser les indemnisations du chômage) ou à rien ; ce sont des économies pour le pouvoir central (le RSA est payé par les départements) et pour le patronat qui ne verse plus rien.

– Les jeunes ont bien compris qu'il fallait faire des études ; ils savent par leurs parents que l'entreprise à la française est un bagne où on doit fermer son clapet. Ils retardent donc autant que possible leur entrée dans la géhenne du travail ; donc encore un mauvais taux d'emploi en France. En outre, ces jeunes en viennent à mépriser le travail manuel et à reproduire l'autorité du mérite scolaire.

– La France cultive la méritocratie par le savoir. Du coup les grands diplômés se croient au-dessus des autres et entendent voir leur prétendue autorité respectée. Alors, via la subordination, les collaborateurs sont priés de suivre les consignes émises par les ingénieurs des Bureaux des méthodes. Le travail est alors prescrit et le travailleur n'est pas libre de s'organiser : pas d'initiative, de créativité, de responsabilité, d'autonomie.

– À bas le limage des cervelles les unes contre les autres, le droit d'expression, le droit de réunion. On se souvient des « groupes d'expression » à la Auroux ; résultat, ils furent dirigés par l'encadrement. En France les groupes autonomes ou semi-autonomes furent un fiasco, car le patronat refusa la mise en cause de l'autorité de son encadrement, « en même temps » relais de ses seuls buts et réseaux d'espionnage du personnel. La France n'a pas seulement la droite la plus bête au monde ; elle a aussi les patrons les plus bornés. *Naturlich*, les Énarques font partie de la noblesse d'État quasiment de droit divin et peuvent pondre des normes absurdes qui, cependant, ont un effet réel : la disparition de la liberté d'agir et de penser et le besoin de fuir l'esclavage organisé par les entreprises. Cela doit être un critère de mérite pour leur avancement.

– Les patrons et le pouvoir n'ont d'yeux que pour la compétitivité, le profit, l'ordre imposé par le SLC européen et mondialisé. Il faut faire comme les autres : réduire le plus possible les dépenses sociales afin d'être « compétitif ». Course idiote, car sans fin, vu qu'on trouve toujours moins cher ailleurs (en Chine, au Vietnam ou au Bangladesh, en Roumanie, bientôt en Ukraine intégrée à l'UE comme les autres PECOs). Le travail n'est qu'une marchandise utile, mais coûteuse, une « force de travail » dont le prix doit diminuer par suite de la concurrence mondiale et de la baisse des prix des subsistances. C'est pourquoi le travail fait l'objet de la mise en application de toutes les innovations techniques qui permettent d'en abaisser le coût, de l'espionner et contrôler, d'en mesurer l'efficacité (individualisée pour l'essentiel par les patrons ; vive les robots, le machinisme, les algorithmes, internet, le télétravail et l'IA). Le travail perd ainsi son apport majeur : être un moyen et un lieu de relations sociales, de coopération, de considération, de reconnaissance, de valorisation des estimes de soi, de communication, de communauté ou collectivité d'échange et de valeurs. C'est cela qu'aiment les travailleurs, non d'être vus comme des pions atomisés et esclavagisés dans des rapports sociaux éclatés et maîtrisés par la chiourme patronale (cadre et contremaîtres). Les moyenâgeux patrons, politiciens et experts au service du capital, croient que c'est de l'argent inutilement dépensé alors que c'est fondamental pour le lien social, l'esprit d'entreprise et même la compétitivité.

– Comme l'imagination est mal vue, car il n'y a qu'une seule voie pour être productif (*the one best way* de Taylor), les travailleurs redoublent d'inventivité pour acquérir un peu de liberté et de compensations : perruque, grève du zèle, un peu de sabotage, arrêts-maladies, coulage, grèves si on a un pouvoir de nuisance, devenir indépendant, se protéger les uns les autres, inventer des astuces pour alléger les contraintes du travail, se transformer en coopératives. Les ergonomes et sociologues ont très bien montré cette inventivité disruptive, mais le patron et le pouvoir préfèrent la chiourme, la répression, la police, les règles, la surveillance, le contrôle par Internet qui, en outre, permet de contacter le salarié chez lui pendant ses loisirs. Dès lors, le travailleur n'a qu'une envie : fuir ce bagne.

– Le droit français ne connaît que l'entreprise en tant que société de personnes (propriétaire d'actions ou de parts sociales, non de l'entreprise) et non pas comme communauté morale et économique. De ce fait les relations sociales sont atomisées et l'entreprise ne constitue pas « une *Gemeinschaft* » à l'allemande avec son syndicalisme collectif et reconnu dans des instances de co-gestion. Les personnes sont vues comme des ennemis en puissance à surveiller et contrôler, ce qui nous donne des relations sociales détestables. Du reste, le patronat français a été un bon propagandiste de la « lutte des classes » en se montrant le plus réactionnaire du « monde libre ». Il faut fuir ce lieu de conflits et de mépris sinon de haine. Donc, avant de passer à 64 ans, il faudrait corriger tout cela, notamment la pénibilité des conditions de travail.

Je propose contre ces vues purement néolibérales une solution libertaire et juste. Plafonner les retraites publiques par répartition, par exemple à 3 000 € bruts. Cela existait à EDF-GDF avant que M. Bérégovoy ne le fasse supprimer ! Pour celles qui dépassent ce seuil instaurer une capitalisation par points (cela existe déjà pour l'Argic et l'Arco). Cette capitalisation se fait uniquement dans des titres de propriété immobilière (l'immobilier augmente toujours) centralisés dans un organe public. L'âge est supprimé au profit du seul nombre d'années de cotisations, avec bonus et malus. Prendre en compte la pénibilité et la maternité avec des bonus d'années de cotisations. Prévoir une assurance de chacun dans un cadre collectif mutualisé contre les aléas de la vie professionnelle. Assurer au moins 1 200 € de retraite minimale. Cela nous évitera peut-être les jongleries sur la suppression de l'indexation des retraites sur l'inflation, le gel des pensions pendant un temps, etc.

Donc, de façon générale, si les travailleurs tiennent à la retraite à 62 ans et aussi au télétravail, c'est pour fuir une organisation du travail toujours laissée en dehors du vrai problème ; la nature du travail et non l'âge de la retraite ; rappelons que cette organisation du travail refuse aussi de voir d'où viennent les accidents et les maladies du travail. Or, la France détient le record d'Europe des accidents du travail : 789 décès, 38 000 accidents graves, 560 000 accidents, en 2024. Il en est de même pour les maladies professionnelles et une part de l'augmentation des dépenses de santé, liée aux conditions de travail et aux produits nocifs utilisés sans grande protection sans que les entreprises contribuent aux frais ainsi engagés.

En conclusion de cette première partie, nous insistons sur l'idée que les libéralismes partagent tous la bonne vieille idéologie que seul le travail doit payer les conséquences du néolibéralisme capitaliste. C'est pourquoi « les assistés » sont vilipendés, car le travail procure les fondements justificateurs et théoriques du système néolibéral : individualisme, société de petits pois dans une boîte et réduite aux interactions entre monades atomisées, culture individualiste et compétitrice, démocratie représentative viciée à la base par sa construction atomistique. Cependant, cette constitution théorique s'adapte à toutes les pratiques qu'elle permet de justifier. Ce qui signifie qu'elle demeure fortement plastique et peut évoluer en fonction des circonstances historiques et des particularités culturelles des différents pays. C'est parce que sa simplicité, facilement assimilable par des esprits pas assez formés et victimes des contraintes sociales instituées par les libéralismes, rejoint l'utilisation d'instruments, appelés variables secondaires d'action, qui sont des adjuvants des variables de commande que nous venons de voir. Cette deuxième partie examine donc les variables secondaires d'action du système néolibéral.

DEUXIÈME PARTIE :

LES VARIABLES SECONDAIRES

Les libéralismes, portés par des groupements qui y sont intéressés et qui finissent par asseoir leur hégémonie sur toutes les dimensions sociétales, permettent d'asservir les peuples et les contraignent par des pratiques et règles sociales *ad hoc*. Pour ce faire, ils recourent à des variables secondaires d'action, qui, pour être soumises aux variables de commande vues supra, n'en sont pas moins essentielles pour parfaire le travail de domination des capitalistes libéraux.

On ne peut avoir la prétention d'analyser tous les moyens pratiques d'action possibles pour conforter l'emprise des libéralismes et du SLC sur les sociétés occidentales ou occidentalisées. Nous nous contenterons de voir des variables qui nous paraissent concrètement déterminantes. Ce sont les objets des études suivantes : une hiérarchie inégalitaire, un universalisme marchand, un droit positif et procédural, une éducation payante et instrumentale, le mépris de la planète et de la nature et la financiarisation du monde. Cependant, on ne peut envisager de traiter de toutes les variables secondaires d'action. Par exemple, on n'examinera pas la nature de la production. Celle-ci dépend de la combinaison entre la recherche des coûts minimums de production et celle de la satisfaction des clients. L'Allemagne s'est ainsi spécialisée dans la qualité et l'innovation alors que la Chine, pour une très grosse part de son activité industrielle, s'est lancée dans la compétitivité par les prix. Autre exemple de variable secondaire : celui des conditions de travail. C'est surdéterminé par la logique de la maximisation des profits, la crainte des pénalités en cas d'accident (qui dépend du droit protecteur des travailleurs), le coût de la prévention (par rapport aux mesures prises par la concurrence).

Étude VII :

Une hiérarchie et des inégalités structurelles

Il est évident qu'une doctrine libérale qui fonde la société sur la victoire des meilleurs, qui se montre ainsi méritocratique, puisque ce sont ceux qui sont sélectionnés pour atteindre ses fins, a pour conséquence pratique une hiérarchie sociale inégalitaire. Ce à quoi Tocqueville, un des papes du libéralisme classique, a ajouté une contradiction fondamentale et indépassable entre la liberté et l'égalité : la poursuite de l'égalité aboutit à la dictature et la recherche de la liberté amène forcément à l'inégalité. Proudhon a ridiculisé cette opposition typiquement binaire en montrant que liberté et égalité formaient un couple de « composition » mettant en tension instable, mais en équilibre, les deux termes contraires. Et, bien entendu, il a soutenu que personne n'irait volontairement travailler pour qui que ce soit s'il n'était pas considéré comme un égal. Égalité et liberté se combinent, c'est ce que nous dit une pensée dialectique et non un binarisme des contraires à la façon d'Aristote. Le néolibéralisme transforme un désir de distinction dans la relation aux autres en droit à la différence, vu comme possibilité de renforcement des inégalités qui atomisent le corps social et tous les collectifs. Certes, il n'existe pas de loi déterministe ni d'évolutionnisme automatique en matière d'inégalités et de hiérarchie sociale. Cela dépend de l'état des rapports de force en tout domaine : religion, pouvoir politique, puissance économique, degré d'instruction, position sociale. On ne trouve que des dosages, des tensions, des conflits entre dominants et dominés au sein des pouvoirs en place, notamment par la division du travail, celle qui commence par séparer les « manuels » des « intellectuels » (Proudhon). Cela se place aux différents échelons territoriaux, ce qui nous conduit à bien distinguer, au niveau mondial, les rapports entre le centre et la périphérie (Wallerstein) et, en interne, ceux au sein des sociétés nationales ou des unions internationales comme l'UE. Ce sont ces relations qui structurent et hiérarchisent les inégalités sociales. Ces hiérarchies sont facilement admises, car, « en même temps » elles créent des espérances : celles de pouvoir grimper dans la hiérarchie grâce à ses mérites. Les hiérarchies inégalitaires sont donc à la base de la légitimation du SLC néolibéral dans les esprits.

À la distinction entre centre (et alliés) et périphérie(s), le néolibéralisme sauvage, souvent d'inspiration libertarienne (à bas l'État, le droit, les régulations, les normes pour une totale liberté des propriétaires) fait ajouter le développement exponentiel et fort inégalitaire de « zones » favorables à l'évacuation des règles classiques (dérégulation) pour faciliter l'emprise du capital financier. Ce sont par exemple des paradis fiscaux (dont le Luxembourg, l'Irlande, les Pays-Bas), des cités-États comme Singapour et même, quoique sous tutelle, chinoise Hong Kong, des *gated communities* (zones d'habitation réservées et gardées), des zones libres et des ports francs, des réseaux de métropoles comme du temps de la ligue hanséatique, des communautés ethniques ou culturelles ou religieuses, des principautés (Andorre, Monaco, Liechtenstein). On note l'atomisation géopolitique avec maintenant plus de 190 États à l'ONU, très disparates, mais où les très petits, qui se vendent aux grands et aux multinationales, notamment en vue de l'optimisation et de l'évasion fiscales ou du blanchiment de capitaux, se transforment aisément en paradis fiscaux. C'est amusant de voir comment, par exemple dans l'UE au Conseil de l'Union européenne, un tout petit pays a le même poids qu'un grand pour les compétences relevant de l'unanimité comme la fiscalité. C'est excellent pour mettre tout le monde en concurrence et pour qu'on ne touche pas aux intérêts des minuscules États vivant souvent de l'optimisation fiscale ou de la corruption. C'est donc fait exprès ! Cela se combine avec les trafics en tout genre et les bénéfices indus des multinationales. Tout se passe comme si la mondialisation du marché universalisé reposait sur la multiplication et la diversification de structures minuscules et locales, mais formant un archipel plutôt cohésif. Cela sert à rendre la libre circulation des capitaux impossible à retracer par suite de la profusion des écrans possibles et des refuges ou à sécuriser les patrimoines voulant échapper aux impôts et aux droits de succession. Dans ce cadre les néolibéraux sont « en même temps » des chauds partisans des communautés fermées et souvent racialisées et des bons vieux « trusts » anglo-saxons du féodalisme. C'est normal, car ces choses ne s'occupent que d'elles et non de la globalité du système d'exploitation en place.

Le centre, c'est bien évidemment depuis 1945, les USA. Ces derniers ont assis leur domination sur leur armée (près de 1 000 milliards de dollars de budget actuellement par an), leur « extraterritorialité » (ils punissent avec leurs lois internes ceux qui violent leurs oukases et embargos et qui utilisent leur monnaie), ils dominent le Web, le numérique et ses firmes internationales, les GAFAM (Google, Apple, Facebook, Amazon, Microsoft) et l'IA. Ils profitent de ce que le dollar est la grande monnaie de change pour faire couvrir leurs déficits et leur dette publique (122 % d'un PIB de 27 billions de dollars en 2024) par des prêts de l'étranger et faire tourner la planche à billets. Ils maîtrisent les règles du jeu économique néolibéral, ils ont les meilleurs enseignants (souvent étrangers) dans leurs universités réputées, ils règnent sur la finance mondiale. Bref, ils vivent aux crochets du reste du monde. Trump avec sa guerre des tarifs douaniers est en train de casser la capacité du pays à emprunter et à imposer sa monnaie dans le monde ! Or, si l'hégémonie du dollar prend fin, il est possible que ce soit aussi celle du SLC mondialisé. M. Trump n'a pas compris que les bas prix aux USA provenaient du libre-échange concurrentiel et axé sur le moins-disant suivant le principe de Ricardo. Hausser les droits de douane va faire augmenter les prix et baisser le pouvoir d'achat, mais rapporter des devises et c'est pourquoi il fait du chantage aux droits de douane ! Le SLC néolibéral s'en trouvera mal. Il semble vouloir chasser les étudiants étrangers, mais cela pourrait nuire à la science et à la technologie US. Visiblement, en tant que promoteur immobilier travaillant peu à l'international (sauf pour obtenir des prêts russes), il ne comprend pas la logique du SLC. Il engage donc mal l'avenir de son pays qui, pour le moment, continue de régner sur le monde. Il se fiche de la dette extérieure des pays pauvres, déjà à 1 400 milliards de dollars en 2023, ce qui entraîne une charge d'intérêts insupportables pour eux.

On se demande pourquoi cet ensemble hiérarchisé pour servir le centre US, apparemment hétérogène et dispersé, fonctionne à peu près correctement, malgré ses nombreuses divisions et ses conflits d'intérêts. Même les BRICS, prisonniers du SLC mondial, n'arrivent pas à se mettre d'accord (échec de leur récent sommet à Rio). Trump peut aisément diviser les BRICS avec ses droits de douane astronomiques qui nuiraient à l'Inde et à la Chine auxquelles la Russie vend pétrole et gaz malgré les sanctions occidentales pour la guerre en Ukraine. C'est que, du plus petit élément au plus gros, tous sont victimes de la même logique : diviser pour faire régner le capital (surtout le financier), assurer la libre circulation des capitaux et le secret des affaires. En outre, il s'agit d'échapper au fisc, de profiter du moins-disant grâce à la concurrence et ainsi mettre en compétition États et systèmes sociaux pour doper le rendement financier des investissements. Tout cela maintient la domination US sur la planète. Les éléments du système ont tous un intérêt commun qui leur fait dépasser et oublier leurs divisions : conserver un système global où ils peuvent tirer leur épingle du jeu, avoir un « avantage compétitif » à la Ricardo. C'est ainsi que la Russie, malgré les sanctions européennes, vend son pétrole et son gaz aisément à la Chine et à l'Inde. En fait, cette atomisation est favorable au SLC. Elle camoufle la concentration du capital et permet de se légitimer par la liberté de tous à concourir dans le même étau et avec le moins de règles possible. Hélas, l'état de la planète, la montée des populismes due à la concurrence, le regain des impérialismes et la guerre de tous contre tous pour accéder aux ressources devenant plus rares et plus coûteuses ont tué le multilatéralisme qui cachait l'emprise de la seule logique capitaliste et impérialiste conduite par le centre US dès 1945.

1) Les relations Centre et périphéries

La pensée et la recherche de l'UN indivisible, tout-puissant, comme forme de pouvoir politique universalisable, amènent rapidement à une différenciation entre un centre dominateur et expansif et des périphéries subordonnées, dirigées, exploitées. Cependant, une petite partie des périphéries, celle qui assume une collaboration avec le centre, se situe dans un premier cercle, alliée de ce qui la domine, mais en lui offrant en contrepartie une place privilégiée dans l'organisation des rapports entre les dominateurs du centre et les dominés de la périphérie. C'est ainsi que l'Allemagne fédérale, création des USA (comme le Japon en Asie) est leur première alliée pour piloter la nébuleuse périphérique qu'est l'UE. C'est du reste un des buts de Trump : profiter de la faiblesse et de la division de l'UE pour, en position de force, dans de prétendues négociations lui imposer sa volonté. Maintenant, on observe que ce centre US est en train de perdre son hégémonie (BRICS, qui n'arrivent pas à s'entendre pour mettre fin à la dollarisation du monde et au droit de veto à l'ONU, ou Grand Sud). Ce qui explique sans doute partiellement le repli isolationniste et nationaliste des USA sur eux-mêmes et un nouvel impérialisme de baroud d'honneur défensif réduit à leur pré carré anglo-saxon et anti-Chine, quel que soit le président en place. Trump pense sauver le SLC US, mais il va sans doute l'achever, et il ne s'agit que d'un dernier chant du cygne.

En effet, se développe une grandissante résistance à l'emprise occidentale. Il se produit une opposition progressive chez les BRICS, soit Brésil, Russie, Inde, Chine et Afrique du Sud, plus d'autres ralliés (Éthiopie, Nigéria...). Et il se forme un Grand Sud (notamment en Afrique, en Asie et en Amérique du Sud) voulant, comme les neutralistes de Bandoung en 1955, échapper au centre capitaliste et libre-échangiste dirigé par les USA. Ce Grand Sud entend s'évader du système-monde occidentalisé de domination-exploitation sous emprise US (échange inégal, libre-échange forcé, dette publique non remboursable par suite de la baisse du prix des monoproductions mises en concurrence sur des Bourses et marchés mondiaux, Consensus de Washington interdisant les droits de douane et les interventions publiques). Ce Sud, prisonnier du grand marché mondial capitaliste où l'échange est inégal, car les forces en présence sont asymétriques (relation centre-périphérie), entend s'en passer. Il y est aidé par les dissidences radicales de la Russie, de l'Iran et par la montée en puissance de la Chine et de sa « route de la soie ».

Le plus souvent, la relation centre-périphérie prend la forme d'un empire et l'histoire nous en a montrés beaucoup comme l'Empire romain, de Gengis Khan, de Charlemagne. Il y eut même des empires avortés, comme celui de Napoléon qui n'a jamais compris que la subordination ne pouvait pas reposer que sur la force : il y faut aussi de la convergence d'intérêts ou de valeurs et un minimum de respect des dominés. Mais voyons plutôt maintenant les relations affaiblies entre le centre, à savoir entre les USA et le reste du monde. C'est pourquoi les USA se retirent des instances internationales qu'ils ont pourtant créées (OMC, Institutions Financières Internationales, IFI, comme le FMI) ou contestent tout ordre juridique qui n'est pas le leur, comme la Cour pénale internationale.

La Pax Americana comprend des proches qu'on peut considérer comme faisant partie du premier cercle d'amis comme l'Allemagne et le Japon, créatures des USA, en 1945, et le monde anglo-saxon (Australie, Nouvelle-Zélande, Canada, Royaume-Uni). Nous avons ensuite le deuxième cercle des tenants du néolibéralisme économique, à savoir l'Occident, l'UE et le monde pro-SLC ou atlantiste antisoviétique. Nous obtenons ensuite un cercle d'alliés par intérêt comme les monarchies pétrolières et gazières (ce qui justifie le soutien caché au régime iranien en dépit des apparences guerrières actuelles, dont la fonction est de leur faire peur pour qu'ils se réfugient sous l'aile protectrice des USA). Nous avons les relations avec des États en faillite comme l'Égypte et le Pakistan et l'amitié avec Israël comme tête de pont US au Moyen-Orient. C'est en fait un équilibre de la terreur nécessaire à la domination US dans la région. Une autre périphérie très subordonnée, via les menées de la CIA dans le pré carré US, est l'Amérique latine. Et enfin dans des rapports de subordination quasiment encore coloniaux, tous les pays étranglés par la dette ou la dépendance économique issue du libre-échange mondialisé (de l'argent contre des produits exotiques ou des minerais ; d'où les négociations trumpiennes avec des pays prêts à signer, car trop faibles) ou antisoviétique ou anti-Chine en Afrique ou en Asie. Ces pays dépendent des échanges mondiaux et de l'aide au développement que M. Trump vient brutalement de supprimer. Cependant, la crise climatique, la montée des populismes et des dictatures et la fin des performances de croissance du SLC sont en train de casser ce régime de Pax Americana au profit de l'émergence d'un Grand Sud, associé au BRICS, qui conteste l'impérialisme occidental et le SLC néolibéral. Dans ce contexte, l'UE, comme ramassis de pays aux intérêts peu convergents, est plus désunie que jamais.

On doit noter que la relation centre-périphérie est aussi un grand classique du colonialisme, de la domination, de l'exploitation des pays assujettis à l'emprise d'une puissance supérieure (comme United fruit, devenu Chiquita, en Amérique du Sud et soutenu par la CIA) ou d'un régime économique. Le degré de domination dépend de la collaboration des élites et des notables locaux, ce qui suppose que le colonisateur laisse au colonisé suffisamment de libertés politiques et arrose assez les collaborateurs. Ce fut le cas de l'Inde sous la colonisation britannique. La relation de domination entre centre et périphérie est évidemment empreinte de machisme et ressemble beaucoup à la domination masculine sur les femmes. Dans les deux cas, nous sommes en face d'un rapport de force entre forts et faibles (présumés). De toute façon, la relation du centre puissant à sa périphérie soumise, par exemple par sa dette ou par sa monoculture d'exportation ou par son gisement de minerai possédé par une multinationale comme Rio Tinto, etc., se trouve le plus souvent dans un quasi-pacte colonial d'exploitation en tant que périphérie super dépendante. Ainsi, la décolonisation a pu se transformer en dépendance postcoloniale par la voie de « l'échange inégal » analysé par Samir Amin. Cela donne raison aux *« wokes »* qui voient dans les descendants des ex-colonisés installés en Occident des post-colonisés, toujours infériorisés et exploités sous l'emprise du néolibéralisme toujours dirigé par « les Wasps ».

L'État-Un, la domination, le sexisme participent de l'autoritarisme (autrefois celui sacré des monarchies de droit divin) qui est, en fait, la manifestation de la peur de n'être pas obéi, chose redoutée par les personnages dirigeants. C'est un mécanisme de défense de ceux qui craignent de ne pas mériter l'autorité via laquelle les subordonnés reconnaissent le droit légitime d'être commandés. L'autoritarisme camoufle le manque d'autorité respectable et respectée. L'autorité est remplacée par le pouvoir : je commande, parce que je suis le plus puissant, ce que montre Trump sans vergogne. On croirait que la démocratie (à condition qu'elle soit réelle) remplace le manque d'autorité. Il n'en est rien, car celui-ci a été compensé par « l'argument d'autorité » auquel recourent désormais les experts, les « sachants », les technocrates qui peuplent les démocraties représentatives toujours unies pour gommer la volonté des peuples.

2) Les inégalités et hiérarchies structurelles dans les sociétés libérales

Il faut d'abord insister sur le fait qu'il ne s'agit pas de hiérarchie imposée par la division du travail. Celle-ci existe, mais elle est dépassée dans son aspect inégalitaire par une construction sociale plus globale servant à légitimer l'infériorité de telle ou telle place dans la hiérarchie. C'est un jugement de valeur comme pour le racisme. Les hiérarchies inégalitaires procèdent de la combinaison, fort variable en fonction des cultures et des périodes historiques, de plusieurs facteurs ou dimensions.

Il faut d'abord se souvenir de ce que la doctrine spencérienne adoptée par le néolibéralisme implique que l'inégalité est naturelle et provient de la sélection des plus aptes au combat. Par construction, les différences de patrimoine, de propriétés, ce mantra des libéralismes, induisent des inégalités si, comme le dit Piketty, l'impôt ne vient pas les gommer en vue de redistribuer. Les inégalités résultent aussi de la concurrence, car celle-ci conduit à la concentration des plus performants, des plus « compétitifs ». Rappelons que l'existence de différences naturelles, dans les aptitudes et les capacités, n'est pas vraiment une bonne justification des inégalités. Au contraire, avant le néolibéralisme, la pente en Occident était orientée vers l'égalisation des droits et des situations en faveur des plus faibles, vers le remplacement de la force par la démocratie et l'argumentation. C'est pour cela que Nietzsche en voulait tant aux judéo-chrétiens hostiles au « surhomme », à la « race » aryenne dira Hitler.

Ces éléments de nature essentielle ne doivent pas dissimuler que la hiérarchie inégalitaire procure une aide fort utile et même nécessaire pour la promotion et le maintien de la domination, même si elle revêt des formes démocratiques, car elle est pour cette raison acceptée par les dominés. Cette échelle permet aux dirigeants de doser les récompenses qu'ils peuvent attribuer à leurs fidèles serviteurs et complices ou compères. C'est ainsi une « échelle de perroquet » qui suscite des espoirs répondant aux ambitions de ceux qui obéissent aux dirigeants, lesquels, évidemment, ne peuvent pas agir tout seuls. Ils ont même besoin, pour les sales besognes, d'hommes de sac et de corde. Cela entraîne aussi des relations de jalousie (devenir calife à la place du calife), voire d'envie (zigouiller le calife et les obstacles qui le protègent). Pendant cette « lutte des places », les hiérarques ont la paix, ce qui serait plus difficile à obtenir sans l'échelle hiérarchique des prétendus mérites.

Celle-ci donne aussi des satisfactions aux partisans du grand manitou (comme le rouge Staline ou le génie Macron). Chacun y trouve une place reconnue, sinon bien considérée, ce qui répond au besoin humain, ou des communautés, d'avoir une identité, de se distinguer, d'espérer grimper. Ces passions tristes sont savamment entretenues par les titulaires d'un pouvoir unitaire et autoritaire. Il ne faut donc pas négliger les aspects psychosociologiques qui jouent dans les mécanismes de pouvoir. C'est souvent le moyen utilisé par les chefs « charismatiques » qui jouent sur les identifications à leur personne. Ces identifications font qu'une foule de monades, chères à Leibniz, aimantées et polarisées par leur même amour du chef, auquel chacun s'identifie, se trouve unie par le même lien de dépendance via l'identification secondaire aux autres. La recherche de signes et de symboles de distinction, la soif d'honneurs (Napoleone Buonaparte, comme tout dictateur, distribuait des « faveurs », des rubans de la Légion d'honneur, des titres ronflants, des domaines à ses féaux) fait le reste. Encore que dans le cadre néolibéral cela ne suffise plus ; il faut aussi accorder des privilèges économiques, donner de bons postes, procurer des sinécures, faciliter les pantouflages et les « portes tournantes » entre les fonctions privées et publiques, offrir des passe-droits, soigner au mieux les enfants et les amants des fidèles alliés du pouvoir. C'est plus facile quand il s'agit d'acheter un autocrate vénal, ce que la Chine fait avec autant de bonheur qu'un capitaliste américain ou autre.

Et n'oublions pas l'intérêt majeur d'une hiérarchie de type militaire : les ordres peuvent rapidement et facilement descendre du haut vers le bas par pesanteur abusant de la verticalité. En outre, comme disait Noé, le *lider Maximo* peut recevoir des avis collectés dans son entourage de compradores et se réserver le pouvoir de décision, ce qui marque bien sa supériorité de pouvoir (décision en plus d'information) sur eux. Cela ne doit pas faire oublier que hiérarchie et compétition se renforcent mutuellement, car s'il y a hiérarchie, les gens sont incités à se battre entre eux pour y avoir une bonne place et, inversement, la lutte de tous contre tous pour les places produit des inégalités et des hiérarchies.

Comme les libéralismes ne peuvent pas se passer d'une hiérarchie inégalitaire, dont la plus ordinaire expression est l'opposition : eux, les « déplorables » de Mme Clinton ou les « gens de peu » de M. Macron versus, contre nous, les « premiers de cordée », nous nous trouvons déjà devant une manifestation simple de l'universalisme du libéralisme. Les « modernes » n'inventent rien *ex nihilo*, ils améliorent ce qui existait avant en tenant compte des circonstances sociales nouvelles. Comme disait Lavoisier : rien ne se perd, rien ne se crée, tout se transforme. Pardon en langage néolibéral, c'est tout s'utilise et en langue hyperlibérale, c'est tout doit être rentable.

Il faut pourtant que ces inégalités et ces hiérarchies s'appuient sur une légitimation. C'est à cela que sert un universalisme réduit aux acquêts dans le sillage du libéralisme fondateur de l'universalité de la propriété et du marché. Il est en outre complètement gangrené par le passage à l'impérialisme financier qui impose sa logique de rentabilité à tout le monde. C'est ce que va nous montrer l'étude suivante portant sur la fausseté du néolibéralisme actuel.

Étude VIII :

Un faux universalisme

Au début du libéralisme classique, il existait une sorte de consensus universel sur l'évolution progressiste des sociétés. On était dans la marche en avant des Lumières conçue comme irrésistible. On était dans la phase terminale de la loi des trois états, mise en relief par Vico, puis Comte. On n'était pas loin du déterminisme historique que cristallisa un « matérialisme historique » prêté à Marx. Le néolibéralisme a balayé ces billevesées tout en maintenant très haut l'étendard du progrès (indéfini, hasardeux) propre aux évolutions techniques poussées par la concurrence et les acteurs de la modernisation, du changement, de la réforme (« la destruction créatrice » de Schumpeter). La lutte entre les passéistes (réactionnaires, souvent machistes et homophobes, sédentaires et fermés aux autres cultures, populistes et partisans de l'autorité traditionnelle) et les « modernes » ouverts, combatifs, pro-SLC, libéraux, démocrates, mobiles, ouverts au changement, devient universelle et se retrouve dans les urnes. Les libéraux sont des universalistes toujours « mélioratifs ». En ce sens, la véritable coupure entre les humains ou les sociétés n'est pas la classe sociale ou le rapport capital/travail ou la relation dominants/dominés. C'est l'antagonisme entre ceux qui, sans foi ni loi, centrés sur eux seuls, veulent réussir individuellement (c'est la promesse du SLC) même en piétinant les autres et ceux qui sont mus par des valeurs altruistes et de solidarité dans un esprit collectif.

La tripartition à la Platon (la tête, le cœur et le ventre ; les philosophes, les guerriers et les commerçants) ou à la sauce des castes décrite par Dumézil n'était plus de saison. Car le libéralisme avait apporté le culte des libertés contre les obscurantismes et les corporations ou groupes aristocratiques. L'égalité des chances devenait un mantra au sein du combat néolibéral permettant de sélectionner les meilleurs à condition d'avoir les mêmes possibilités de progression (promesse du reste non tenue). Les droits de l'homme ou les libertés subjectives deviennent universels, comme les droits des travailleurs dans la Déclaration de Philadelphie (1944) à l'origine de la création de l'OIT (Organisation internationale du travail) à l'ONU.

Las, cet universalisme libéral (mercantiliste et commercial), en fait occidental et loin d'être partagé par tous les pays de l'ONU (notamment chez les BRICS et le Grand Sud), restait assez éloigné de celui des Lumières et surtout du socialisme de Jaurès. Il n'empêche, il orienta fortement la naissance des États-providence, mais il fut évincé par la mise en place politique du néolibéralisme du début 1980. L'idéal humaniste et universaliste subsistait néanmoins en URSS sous une forme avariée par le totalitarisme communiste. Ce dernier ayant disparu avec l'Union soviétique, en 1991, il nous resta l'universalisme néolibéral que nous allons examiner maintenant. Mais cet universalisme est d'autant plus contesté qu'il est victime de « l'extraterritorialité » US qui fait condamner des firmes et des pays pour avoir osé faire des affaires en dollars malgré, par exemple, un embargo lancé par les USA. C'est parce que c'est un tribunal de New York qui juge tous les contentieux sur les dettes publiques et parce que les grandes Bourses agricoles ou industrielles mondialisées sont US.

Malgré son insistance théorique et formelle sur les libertés, l'universalisme néolibéral n'est plus un humanisme. Les valeurs de celui-ci : dignité humaine, égale valeur de tous les humains sans distinction de race, de genre, de fonction, etc., justice sociale, respect des droits humains, éducation maximale, droits sociaux, sécurité, ont disparu. Plutôt qu'un humanisme, le néolibéralisme est une théorie de promesses d'apparence humaniste qui est contredite par des pratiques parfaitement contraires, au nom de l'égalité pour tous, malgré l'inégalité des pouvoirs dans le rapport de force.

Les libéralismes ont en commun un universalisme des marchés où sont censées opérer les transactions entre offreurs et demandeurs de marchandises, de services, de capitaux et même de main-d'œuvre (vous aurez reconnu l'acte unique de l'UE). Car les marchés sont « efficients », allouent au mieux les ressources et sont bien plus efficaces que les interventions étatiques. On dit « les marchés » comme on psalmodie une expression abstraite. Elle aussi universelle en tant que loi naturelle comme celle de l'offre et de la demande. Mais on ne sait pas trop ce que c'est en réalité. Certes, il existe des Bourses, mais en général, on se contente d'ignorer qu'il n'y a rien de commun entre le krill des supposés clients atomisés et les baleines (comme une centrale d'achats de la grande distribution face à un petit fournisseur ou Lactalis en rapport avec un petit producteur de lait) qui organisent l'offre. Il y a belle lurette que ce sont de grandes organisations qui font l'offre (du reste, il existe même une doctrine de la politique de l'offre), les clients gardant un choix s'il n'y a pas de monopole. L'universalisme du marché oublie qu'il existe des acteurs plus égaux que les autres dans les interactions commerciales, que, dans le négoce moderne et organisé, il existe des requins solitaires et des bancs de sardines. Cet universalisme libéral du marché, pourtant atomisé et individualisé, généralise en même temps la concurrence, l'horreur du protectionnisme, la légitimité du profit dans les transactions, les bienfaits de la course compétitive au moins-disant, la spécialisation dans ses « avantages concurrentiels » (Ricardo), etc. Il salue la baisse des prix et l'innovation qui s'ensuivent sur le plan mondial. Mais il néglige totalement les différences de pouvoir, les structures de domination, les hiérarchies, les conventions sociales, les nations, la division mondiale du travail. Or l'époque actuelle prouve sans contestation possible le retour à des politiques de puissance, à l'élimination de la diplomatie par la force et à la disparition du multilatéralisme au profit de l'unilatéralisme.

Cet universalisme concurrentiel, mercantiliste, prôné comme indépassable, légitime des pratiques qui le contredisent. Par exemple, le dumping pratiqué ouvertement par la Chine. Il ferme les yeux sur les subventions publiques pourvu qu'elles soient pratiquées par de puissants États ou firmes oligopolistiques (comme les USA ou les GAFAM) qui n'ont à la bouche que l'ouverture sans entraves (ni droits de douane ni normes protectrices) des marchés à la concurrence. Il n'interdit pas la spéculation (même sur les produits alimentaires) ni les paradis fiscaux, car il faut bien placer ses bénéfices quelque part et parce que les rapaces fiscariotes étatiques les imposeraient de trop. C'était le cas lors du temps béni des « barons voleurs » aux USA et cela se développe à nouveau dans l'ère hyperlibérale de la financiarisation mondiale.

Le libéralisme repose sur une base utilitariste, le calcul des intérêts, la maximisation du « retour sur investissement » (ROI). C'est une « gouvernance » quantitative et matérialiste », qui a atteint aussi le secteur public (*New Public Management*) et toutes les dimensions de la société au nom des résultats à atteindre. Cette approche quantitative et financière a envahi le monde et régit toutes les dimensions des activités des humains.

Cela résulte de l'universalité de la propriété des moyens de production justifiée par le libéralisme des origines, tant comme droit naturel que comme comportement utile à la prospérité pour tous, comme ressort du bien commun, comme conformité à l'intérêt général. Muni de la légitimité du droit de propriété, le néolibéralisme (les tenants en actes de l'application de la justification idéologique) en profita pour pousser à l'accumulation et à la concentration desdits moyens de production. Les droits de propriété universelle s'étendirent aux œuvres de l'esprit : littérature, brevets y compris sur la nature, créations intellectuelles avec la propriété éponyme. La propriété publique fut stigmatisée sous prétexte de moindre efficacité que la propriété privée. Cela cachait mal que le capital annexait tout ce qui pouvait être domaine créateur de profit, s'emparait de tous les domaines de l'existence des humains, des groupes sociaux, et même de toute la nature. Et sur cette lancée, une fois que les capitalistes en action virent le ralentissement du taux de profit issu de la production, de la circulation et de la consommation, on passa à la finance qui légitima la spéculation comme moyen de dégager des bénéfices sans produire ou qui força les producteurs à produire de façon à atteindre des objectifs purement financiers. D'où l'expansion sans fin des manipulations spéculatives : LBO, produits dérivés en tout genre, titrisation de tout et de n'importe qui pour ventiler les risques sur les autres opérateurs, licenciements boursiers, évasion fiscale, pression sur les gouvernants pour abaisser les impôts sur le capital, absorptions d'entreprises, délocalisations, achats à bas prix, etc. Bref, tout fut mis sous la coupe du rendement financier. La théorie économique, pour justifier « la valeur pour l'actionnaire », inventa le principal (les actionnaires qui donnent les ordres) et l'agent (le PDG qui lui obéit, rachète des titres pour faire grimper la valeur boursière de l'action, dégraisse, délocalise, est « un *costkiller* »...). Il faut dire que le pouvoir était passé chez les fonds d'investissement, qui étaient totalement libres (liberté de circulation des capitaux) de se déplacer là où c'était plus rentable. Parmi ces fonds d'investissement, en plus des fonds spéculatifs (*hedge funds*) et même des fonds vautours (spéculant sur les dettes des entreprises ou des États en faillite), nous avons les fonds de retraite par capitalisation individuelle. Ces derniers ont une puissance considérable et font souvent la pluie et le beau temps dans les conseils d'administration, par exemple en virant, comme dit Trump, le PDG qui n'augmente pas assez la valeur pour l'actionnaire (dividende plus plus-value du titre). Avec ces fonds de pension, le capitalisme financier obtient la participation des salariés à leur propre exploitation puisque leur performance est récompensée par une meilleure pension (pas tant que cela, car une bonne partie des plus-values est mangée par les frais de gestion du fonds et par les commissions à verser aux fonds d'investissement chargés de placer les cotisations par capitalisation). La finance a été très imaginative pour enrôler le salariat et le détourner de la lutte des classes en substituant des rémunérations variables (par exemple, intéressement, participation, primes) à des salaires connus d'avance, prévisibles, assurés. « Bien creusé, vieille taupe » (Marx). La finance, c'est l'universalisme de la course à l'argent ; c'est « le stade suprême » de l'absolutisme de la propriété parce qu'il implique tous les acteurs et tous les domaines d'activité des sociétés.

Le libéralisme d'antan était l'universalisme de la prospérité contre la rareté via l'accumulation productive accélérée par les découvertes technologiques, tels le pétrole, le gaz, la chimie des engrais et des pesticides, l'électricité, les OGM, Internet, etc. Le néolibéralisme est passé à l'universel de la finance au-delà de la simple production. Le libéralisme exploitait la nature (sans la modifier de trop, car elle a été créée par Dieu), le néolibéralisme s'est permis de la changer, l'hyperfinanciarisation l'a instrumentalisée au service de la spéculation. Une des façons d'y parvenir a été d'installer un universalisme du respect des dettes, de la rigueur financière. En effet, comme les monnaies sont flottantes depuis 1973 (effet de la suppression, en 1971, du Gold Exchange Standard par Nixon), comme les dettes peuvent faire énormément varier les taux de change, il fallait les garantir. En effet, sans cela, tout bascule dans l'incertitude radicale (non probabilisable) et même la spéculation devient beaucoup trop risquée, car ses résultats sont imprévisibles. Comme quoi, l'austérité budgétaire dispose quand même d'une raison objective universalisable (en univers SLC) en dehors de la culpabilité morale de ne pas payer ses dettes comme le pensent les luthériens. Et tout cela au nom des marchés « efficients » où une rencontre harmonieuse se manifeste entre une offre et une demande, toutes deux infiniment variées et atomistiques. Ce qui n'existe pas du tout dans la réalité à cause des effets de la concurrence qui conduit à la concentration (oligopoles, multinationales, trusts) en faveur des plus compétitifs et à cause de l'expertise actuellement nécessaire pour construire des titres financiers spéculatifs complexes.

Enfin, l'universalisme des libéralismes est « spéciste », car il ne s'occupe que du bonheur des humains contre la nature, sa flore, sa faune (foin de la biodiversité et de l'environnement). Du reste, les « externalités négatives » (mises en relief par Pigou en 1920) ne sont pas comptées dans le calcul du PIB ni dans les calculs économiques de type coûts/bénéfices. Ce qui compte, c'est l'universalité de l'accumulation et pas du tout la nature ni les groupes humains.

Ces merveilleuses réalisations et mutations de l'idéologie universaliste du libéralisme n'ont pas pu être atteintes sans de profondes et essentielles modifications de la nature du droit que les praticiens libéraux, à savoir les gouvernants et les capitalistes, firent évoluer pour imposer la doctrine libérale dans les différends commerciaux et économiques. Le droit doit être suffisamment souple pour s'adapter à toutes les demandes du SLC et aux circonstances variables des activités et des responsabilités. C'est ce que nous allons voir maintenant dans l'étude suivante consacrée au primat actuel du droit procédural et jurisprudentiel de type anglo-saxon. On verra « en même temps » que le droit, qui n'était pas forcément légitime, en devenant « positif » (Kelsen), c'est-à-dire légal et étatique, est devenu « irréfragable ». L'attaquer, c'est s'en prendre à l'ordre public républicain, c'est nier l'État de droit, c'est être un terroriste comme ceux qui contestent l'autoroute A69 Castres-Toulouse. On verra aussi dans cette étude que, pour faciliter emprise du libéralisme, le droit devient de plus en plus procédural et arbitral à vocation surtout économique. On verra aussi que la France se caractérise par une justice administrative et étatique qui permet de transformer des vues économiques néolibérales qui font passer les intérêts particuliers du capital avant ceux, plus généraux, du peuple tout entier.

Étude IX :

Un droit positif et procédural

La loi a ceci de particulier qu'elle ne peut être édictée que par le pouvoir politique comme l'a écrit Jean Bodin : « la souveraineté, c'est le pouvoir de donner et casser la loi ». C'est pourquoi la nature du droit étatique et le système capitaliste ont évolué de concert. Et, sous l'empire actuel de la finance, on en est presque à ce que les puissants du capitalisme dictent aux politiciens les lois nécessaires à leur bonne santé. Le droit a donc évolué dans le sens du néolibéralisme puis de la toute-puissance financière. Mais il demeure un point commun : le respect permanent des droits de propriété qui, à l'origine du libéralisme, étaient absolus. Le droit est évolutif en fonction des rapports de force, des circonstances, des progrès techniques. C'est ainsi que les tout-puissants landlords britanniques obtinrent les « enclosures », c'est-à-dire la privatisation des « communs » en libre pâture ou usage à leur seul profit. Pendant tout le XIXe siècle, le droit propriétaire privilégia outrageusement les capitalistes, fut au service des patrons grâce aux lois votées par des politiciens libéraux. Ce qui fit dire que capitalisme et État étaient nés en même temps et que le deuxième était à la botte du premier. Ce n'était pas si vrai que cela, car c'était nier l'autonomie du politique, dont l'intérêt principal, à savoir se faire réélire, ne coïncide pas celui du capitaliste. Le droit demeure une variable secondaire par rapport au primat du politique. Mais il constitue une médiation essentielle entre tous les acteurs concernés par son état et son évolution.

Le caractère de variable secondaire, tout en étant essentiel, du droit ou ordre juridique, se manifeste dans son évolution via les rapports entre la puissance publique et les forces économiques afin d'implanter le libéralisme économique. Ces relations systémiques et structurelles sont fondatrices. Cela respecte « en même temps » les libertés individuelles et l'idéologie politique libérale. Car le droit (qui est obligatoire contrairement aux normes) est avant tout une structure symbolique et réelle de médiation pour équilibrer les rapports sociaux et résoudre les conflits entre acteurs. Il en est de même pour les normes (le plus souvent incitatrices) qui sont aussi un redoutable instrument de sélection, par exemple, de produits à interdire pour des raisons écologiques ou à favoriser pour des raisons financières. Il faut insister sur le fait que les normes sont un redoutable instrument de protection des activités polluantes dans le monde pro-SLC. Par exemple, avec elles, on peut remplacer un bon fromage AOP par un plâtre de Lactalis. On peut jouer sur le niveau de la « Dose journalière admissible » (DJA, qui remonte à Paracelse, XVIe siècle, et a été abandonnée depuis longtemps par la science moderne) qui sert de référence sur la nocivité des produits chimiques. En outre, la DJA ne tient pas compte de l'état de la science afin de favoriser le productivisme agricole et l'industrie chimique. En effet, elle oublie qu'il y a des effets « cocktails » de combinaison desdits produits qui ne seraient pas dangereux pris un par un. De plus, la DJA ne tient pas compte de la période d'ingestion, par exemple pendant une grossesse, ce qui peut produire des effets tératogènes sur les nouveau-nés. C'est pourquoi le projet Reach de l'UE sur les normes chimiques a été fort modéré pour ne pas gêner la chimie allemande (BASF et Bayer, qui sous Hitler formaient IG-Farben producteur du Zyclon B). On sait aussi, voir Volkswagen et consorts, que les industriels, peu surveillés, peuvent truquer la production pour éviter d'appliquer les normes. Rappelons aussi que si les dépenses de santé progressent beaucoup, c'est en partie à cause des pollutions et des nocivités chimiques pas assez contrôlées par des normes *ad hoc*. Or, le pouvoir libéral ne fait pas payer les pollueurs, mais augmente plutôt les cotisations des salariés. On verra d'abord l'aspect juridique des choses, puis l'aspect normatif.

1) Aspect juridique

Le droit occupe une place singulière dans l'établissement et le maintien de l'ordre social. Dans les monarchies sacrées, le droit appliquait les normes divines avant de succomber sous les travaux philosophiques qui lui assignèrent un emplacement profane, mais légitimant, comme issu de la nature. Puis, en pleine période de libéralisme fondé sur le progrès, il devient « positif ». C'est-à-dire immanent, humain et social au lieu de transcendant ou naturel. Positif signifie établi, en place, institué, ce qui met sur le même plan de l'ordre public le droit stalinien ou iranien vis-à-vis du droit des démocraties libérales. Mais, dans celles-ci, la distinction entre légalité et légitimité a été gommée, ce qui réduit la seconde à la seule première.

Le droit subit donc les évolutions des représentations sociales et les vicissitudes des rapports de force entre le pouvoir politique, qui, rappelons-le, doit satisfaire les demandes de la population afin de se faire réélire, et les puissances de plus en plus exigeantes des libéraux porteurs du SLC. Et cela pour obtenir le maximum de degrés de liberté pour contourner les usages et les mœurs, si besoin est. C'est ainsi que la financiarisation du monde, en tant que figure de l'hyperlibéralisme, va bien au-delà de l'idéologie officielle du libéralisme. On s'approche du libertarisme qui ne souffre aucune contrainte sur le caractère absolu de la propriété et son droit de faire ce qui lui plaît sans ambages (y compris en brevetant la nature !). Et qui, donc, répudiant l'État, refuse sans doute aussi la législation qui en provient.

Le droit d'autrefois, notamment en univers libéral, était en quelque sorte une institution de médiation des rapports sociaux entre acteurs d'une même société, une protection, même si elle était bien trop faible (ce qu'avait bien compris Lamennais), pour les moins avantagés, un cadrage du permis et de l'interdit, une fonction de régulation (et de sanction) de la société. Il provenait de multiples sources : la morale, la tradition, la jurisprudence (*common law*), la loi votée par les représentants de la puissance souveraine et publique, les conventions entre groupements sociaux, les contrats de droit privé. Le droit libéral protégeait les personnes contre les empiétements du pouvoir politique, d'où la notion d'État de droit qui est devenue un leitmotiv aujourd'hui. Ce droit offrait des droits-liberté et des droits-participation à la chose publique. Hélas, il ne s'occupait aucunement de droits sociaux ou droits-créances (Sécurité sociale, droit syndical, chômage, logement, droit du travail, services publics). Aujourd'hui, en univers néolibéral, il s'est étiré vers la prise en compte des droits individuels et des minorités communautaires au nom des droits de l'homme et du droit à la différence des identités tout en dérégulant les droits sociaux au nom de la seule responsabilité individuelle.

Après la courte période des États-providence (1945-1975), pendant laquelle les gouvernants créèrent des droits-créances, le néolibéralisme s'employa à les détricoter afin de libérer le capital des obstacles au développement de la compétitivité dans la concurrence mondiale. C'est cela que l'on appelle la dérégulation. Cela se fit essentiellement par la loi votée par le Parlement, ce qui minora de façon drastique le rôle des autres sources du droit comme, notamment, la convention collective de branche entre syndicats patronaux et de salariés. En parallèle, les droits individuels, dits subjectifs ou droits de l'homme, gonflèrent de façon démesurée, comme si la perte des droits sociaux, qui avaient pour but d'équilibrer les forces des acteurs sociaux (notamment celles des syndicats et des corps intermédiaires), pouvait être compensée par l'extension des libertés liées souvent à des besoins de reconnaissance. Cela a surtout pour fonction de pousser les groupes identitaires à se focaliser sur eux au lieu de s'occuper des questions politico-économiques générales. Contrairement aux discours sur l'ex-État régalien, peu interventionniste, assez faible, surtout régulateur, on doit noter qu'en réalité l'État néolibéral devait être fort pour imposer un changement radical de modèle de société. Passer de l'État-providence au SLC mondialisé et concurrentiel, de l'État souverain à une entité internationale, par exemple l'UE, demande que les gouvernements puissent imposer la chose et réprimer les opposants.

C'est ainsi que le droit, qui a vu son domaine répressif et de surveillance des citoyens grandir énormément, est devenu très largement économique et commercial, notamment dans les échanges mondiaux. Le droit positif est devenu en outre arbitral, c'est-à-dire que ce sont des tribunaux de droit privé et commercial ou économique qui tranchent les différends. Cela est prévu dans l'OMC (voir son ORD, organisme de règlement des différends) et dans la plupart des traités internationaux de commerce. Cela se voit en France où les gouvernements ont laissé opérer sans contrôle les tribunaux de commerce, très critiqués par l'ex-ministre Montebourg, où les affaires se traitent par « petits arrangements entre amis » et avec maints conflits d'intérêts.

Le droit néolibéral est international, ce qui veut dire que la souveraineté juridique d'un pays est restreinte par l'existence de traités internationaux comme celui de 1957 qui a créé l'UE et par les traités de commerce, tel le futur accord Mercosur-UE. On observe que la souveraineté de la France et des autres pays a été réduite par l'UE aux seules variables secondaires d'action afin d'améliorer la compétitivité du pays (dont la fiscalité ou le droit social de la retraite et de la Sécurité sociale ou du chômage). La France, comme les autres pays de la zone euro et de l'UE, ne peut plus dévaluer, gérer son budget, s'extraire des directives et règlements et s'exonérer de l'influence en Europe des traités de commerce dont l'instruction est un monopole de Bruxelles. Elle ne peut même pas échapper aux mafias de l'Est qui circulent librement grâce aux accords de Schengen ! Même si elle ne les signe pas, elle reste obligée d'accueillir sur son sol des produits transformés en Europe à partir des importations qui en outre feront baisser les prix dans toute l'UE. En effet, le droit de l'UE, depuis 1964, est supérieur au sien et la Commission de Bruxelles dispose du monopole de représentation de l'UE dans les échanges internationaux. Cela vaut pour les droits de douane que Trump impose à une Europe largement consentante.

La porte était ainsi ouverte au passage à la financiarisation-mondialisation du monde pro-SLC. Cela se fit dans un cadre spéculatif, presque libertarien, qui fit sauter tous les obstacles dressés contre la mise de la production sous la coupe de la finance, contre la libre circulation des capitaux, contre la spéculation tant sur les matières, y compris agricoles, que sur les titres de créance. Il faut noter que la spéculation montre clairement que la fameuse loi de l'offre et de la demande n'est pas universelle. Il y a au moins trois domaines (dont curieusement la BCE ne s'occupe guère) où c'est le contraire : plus les prix montent, plus la demande augmente. Ce sont l'immobilier, les monnaies (voir l'attaque de Soros contre la livre britannique ou des spéculateurs contre la Grèce) et les titres boursiers (les actions, les monnaies et les titres de dette publique ou privée). On est ainsi passé à une économie de casino où l'ensemble des titres financiers et autres produits dérivés représente 10 à 20 fois le PIB mondial de 103 billions de dollars en 2024 et cela sans garanties. La richesse est quasiment devenue fictive puisqu'elle n'est presque pas sécurisée (voir les titres hypothécaires des *subprimes* qui étaient sans valeur, car les emprunteurs ne pouvaient plus payer et que la saisie de leur logement entraîna une perte énorme de leur valeur). L'économie mondiale a fini par être une pyramide de Ponzi, qui, en outre, repose sur sa pointe de maigres sous-jacents réels (par exemple, une hypothèque sur un bien ne valant plus grand-chose comme dans la crise des subprimes) ! L'économie productive, qui voyait son taux de profit diminuer (effet de la concurrence mondiale et de la raréfaction des ressources, due à la crise climatique) a été, sous la pression des affairistes qui avaient capté les gouvernants édictant des lois favorables pour eux, mise sur la voie de la finance et, pour ainsi dire, de l'économie virtuelle de papier. La loi devint toute-puissante, non pour réguler les rapports entre acteurs sociaux, mais pour assurer la victoire totale du capital financier et des monnaies flottantes. Il y a eu re-régulation pour libéraliser les économies de toute entrave nuisant à la liberté d'entreprendre. On se retrouve donc maintenant avec un droit très particulier.

Le droit, afin de faciliter l'emprise du néolibéralisme, est devenu procédural. Il remplace peu à peu le droit substantiel qui fixait des règles impératives *a priori* dans un but de prévention et d'interdiction. Le droit procédural est réparateur, mais après coup et s'il y a procès intenté. Il corrige ex-post les dommages causés à des victimes. Hélas, celles-ci sont difficiles à identifier : proches ou lointaines, actuelles ou futures ? Souvent les conséquences n'apparaissent que longtemps après comme dans le cas des perturbateurs endocriniens ou des PFAS. En outre, bien des tribunaux sont bienveillants envers les pollueurs afin de protéger les emplois et les profits (voir le film *Erin Brockovich*). Ce droit est aussi largement jurisprudentiel (anglo-saxon), ce qui procure aux juges une immense latitude d'interprétation en faveur de solutions pro-entreprises.

Ce droit est utilitariste et individualiste. Il est utilitariste parce qu'il est devenu essentiellement orienté par la satisfaction des demandes économiques, tant de l'État, qui est fortement attaché à la croissance et à la compétitivité, que des entrepreneurs qui réclament libertés et subventions pour soutenir la concurrence en faisant assez de profit. Pour ce faire, le droit économique s'est internationalisé afin de répondre aux normes du SLC mondialisé. Et dans l'UE, le droit économique a été constitutionnalisé afin de devenir inexpugnable sauf à réunir une majorité parlementaire fort difficile à atteindre. Ce droit constitutionnel définit l'ordolibéralisme qui encadre et norme tout au nom de « l'économie sociale de marché » et de la concurrence mondialisée « libre et non faussée ». Le droit est asservi aux finalités économiques fixées par les tenants du SLC (gouvernants et grands entrepreneurs) par le truchement des traités internationaux de commerce qui doivent observer des règles minimalistes, car sans normes sociales ou environnementales. Ce droit est aussi financier depuis l'essor du néolibéralisme instauré par le « consensus de Washington » qui impose des « réformes structurelles » aux pays demandant des prêts ou en difficulté pour rembourser leurs dettes publiques. Le droit de la dette est merveilleux : les ajustements structurels imposent souvent que le pays demandeur oriente son économie vers l'exportation de produits bien demandés sur le marché mondial (cacao, café, fruits exotiques, etc.), privatise, supprime les droits de douane, ouvre ses frontières et laisse son capital partir. L'astuce des experts occidentalisés et pro-SLC du FMI et de la Banque mondiale, c'est d'imposer ce régime à assez de pays qui sont alors en concurrence et surproduisent pour rembourser leur dette. Cela fait baisser les prix, ce qui rend ladite dette impossible à rembourser. Celle-ci s'accroît au lieu de diminuer et devient, aux yeux des pays exploités par ce pacte néocolonial du système-monde capitaliste, une dette indue du Tiers-Monde. Cela fonctionne d'autant mieux que les taux d'intérêt sont variables suivant la mode US. Or, en 1979, Volcker, patron de la FED des USA (la banque centrale), a fait grimper les taux d'intérêt des emprunts en dollars afin de lutter contre l'inflation et attirer des capitaux. C'est alors que la dette de beaucoup de pays du Tiers-Monde est devenue insoutenable !

Ce droit est aussi individualiste, individualisant, car il promeut les droits de l'homme, la reconnaissance des identités singulières, les droits à la différence. Notons que si les règles économiques, bon gré, mal gré, sont assez respectées par tous les pays qui sont pris dans l'étau des normes économiques et financières mondiales, les « sociétales » le sont bien moins, car elles heurtent beaucoup de cultures ancestrales et souvent à base religieuse.

Le droit néolibéral, fort accentué par la finance mondialisée, est donc internationalisé, procédural, formel, théorique, non substantiel. C'est un droit peu normatif, c'est-à-dire imposant des règles de conduite. En la matière, ce droit est un droit *de* et non un droit *à*. Cela veut dire qu'il permet des libertés, des actions, mais ce ne sont que des possibilités. Un bon exemple réside dans le droit de se loger ; OK si vous êtes solvable. Ou le droit de travailler, si vous trouvez un emploi. En France, la loi DALO (droit substantiel au logement) impose à l'État de fournir un logement à quiconque. Cette loi est évidemment peu respectée en tant que donnant un droit obligatoire (autre sens de substantiel) « quoi qu'il en coûte ».

Donc, le droit procédural progresse, notamment au détriment de la protection de l'environnement. Ce droit, qui remplace des normes substantielles, imposées, contrôlées et sanctionnées, est fort insuffisant. Il signifie que, par exemple, une entreprise peut nuire à l'environnement et que, comme il n'y a guère de sanction légale, il faut que des plaignants, victimes de la nuisance, lui fassent un procès pour être indemnisés. En général ne sont indemnisées que les victimes directes à condition qu'elles gagnent le procès, ce qui est loin d'être sûr, car les tribunaux et la justice sont conçus pour protéger bien plus les forts que les faibles. Il s'ensuit que le droit procédural, très souple et réactif, est un droit très utile pour les errements néolibéraux. Encore plus en régime hyperlibéral, autre nom du libertarisme cher à Elon Musk.

Aujourd'hui, l'on ne peut se référer qu'au droit légal, institué, voté, en exercice dans une société donnée et quel que soit le régime politique en place. Vous devez donc, en tant que citoyen faisant partie des zéros atomisés face à l'infini étatique, respecter le droit des nazis ou des Staline et autres Xi ou Kim ou Ayatollah. C'est dire l'inanité de cette conception juridique à la fois scientiste (positivisme de Comte) et libérale. M. Kelsen, qui prétendait que la loi positive était la norme des normes, violait ainsi son propre principe : une norme est toujours sous la dépendance d'une norme de rang supérieur. Ce qui est curieux, car en raisonnant par régression mathématique, on finit par tomber sur un seul garant : Dieu. Ce droit « positif » progresse à grande vitesse vers la répression judiciaire et policière « antiterroriste »... Tout cela ne doit pas faire oublier que c'est aujourd'hui l'État souverain et plus fort qu'avant qui, par la législation, produit l'essentiel du droit et cela pour favoriser l'économie du SLC.

2) Aspect normatif

Il faut ajouter au juridique le cadre normatif qui donne une puissante variable secondaire d'action. Nous allons l'illustrer avec l'agriculture qui se meurt des normes néolibérales en œuvre dans l'UE.

L'Europe a truffé son territoire international de normes, pour le moins insuffisantes quand elles ne sont pas spécieuses, afin de favoriser ou non telle ou telle activité. C'est particulièrement net en agriculture (voir la taille des concombres) et la France en a surajouté. Ce qui frappe, c'est leur caractère favorable au productivisme sans qualités et à la grande chimie des pesticides, herbicides, fongicides, aux néonicotinoïdes, aux perturbateurs endocriniens (parabènes, phtalates bisphénol A), aux engrais azotés. C'est sans doute qu'il ne faut pas faire de peine à Bayer (qui vient de racheter Monsanto, malgré ses procès, pour 50 milliards) et BASF. Monsanto, firme néolibérale s'il en est, a inventé le mouvement et la vente perpétuels, car elle vend du maïs OGM (ce qui dépasse le vœu de Descartes d'être maîtres et possesseurs de la nature, puisque dans ce cas, les OGM sont des créations ni divines ni naturelles), qui résiste à l'herbicide qu'elle vend « en même temps » que les semences de ce maïs miraculeux !

Ce n'est pas le plus grave, car les normes orientent la façon de produire, la nature des produits (qualité, nocivité) et déséquilibrent mine de rien la concurrence qui est pourtant le mantra de l'UE. L'UE laisse faire les entreprises agricoles d'élevage en batterie (poulets, œufs, vaches, cochons) qui sont nocives, à commencer pour les pauvres bêtes dont les souffrances sont ignorées. Ces élevages, qui atteignent des chiffres extravagants d'entassement des pauvres animaux (100 000 poulets, 10 000 porcs, 5 000 vaches) dans des cages étroites et sur caillebotis, qui utilisent force antibiotiques, hormones de croissance, chlore pour laver les carcasses, ne font pas l'objet de normes substantielles d'interdiction pure et simple par l'UE. Itou pour les filets dérivants de 5 km de la pêche industrielle ! La rentabilité se rit du bien-être animal, des conditions de vie des bêtes, de la santé de ceux qui les mangent, de l'environnement, des « externalités négatives ». Or, Bruxelles, qui ne cultive pas que des choux, mais a ses chouchous (devinez lesquels ?), veut signer le traité dit du Mercosur, lequel contient le Brésil où pour produire de la viande et du soja et du maïs à bas prix on incendie la forêt amazonienne. Il n'y a pas besoin de normes écologiques ni sur le déboisement ni sur la distance à parcourir dans les traités internationaux instruits par Bruxelles ?

Il y a presque mieux : la technocratie bruxelloise a inventé l'interdiction en Europe de produits chimiques ou autres pesticides, mais a autorisé leur production dans l'UE (notamment France avec des usines Bayer) et leur vente à l'étranger ! En réalité, avec ce type de normes, l'UE piétine les efforts immenses à faire pour sauver le climat en appliquant le principe de Ricardo (non celui de précaution, constitutionnel en France ou celui de responsabilité de Hans Jonas). On en déduit aussi que l'Europe milite pour un double marché : celui de la malbouffe *low cost* et dangereuse pour le bas peuple des premiers de corvée et de plus faible espérance de vie et celui de la bonne qualité réservée aux *happy few* qui peuvent l'acheter chez Fauchon.

Est « en même temps » occulté que la ferme productiviste, si chère à la FNSEA et à la Pac, supprime les petits agriculteurs faisant du bio, du sain, du bon et donc de la qualité. C'est ainsi que, par le biais des normes productivistes et favorables aux chimistes, l'UE a déjà presque tué la petite paysannerie française au profit des kolkhozes de l'ex-RDA. C'est facilité par l'utilisation de « travailleurs détachés » (directive Bolkestein de 1996) payés avec une fronde, logés dans des hangars, façon stalag, et voyant leurs « gages » amputés par le prélèvement de leur « loyer » et de leur « bouffe ». C'est une bonne illustration de ce que l'on peut faire, en bon néolibéral pro-SLC pour mener la course folle au moins-disant. L'Allemagne est évidemment pour le Mercosur : elle vendra sa chimie, ses voitures, ses machines-outils et elle ne craint pas la concurrence pour son agriculture qui ne produit pas les mêmes choses que dans les pays d'Amérique latine…

Les hauts fonctionnaires français normalisateurs (c'est plus facile de contrôler s'il existe des standards) ont trouvé les bons moyens pour tuer eux aussi la petite agriculture française ; des normes favorisent, par exemple, Lactalis qui peut produire des fromages plâtreux avec du lait importé à bas prix (des Prim'Holstein qui pissent 12 000 litres de lait sans assez de matières grasses par an). C'est parce qu'ils ont manipulé les labels d'AOP (via l'INAO !) et parce que Lactalis a racheté les anciens producteurs pour remplacer leur produit (par exemple du camembert) par ledit plâtre tout en gardant leur nom sous les yeux bienveillants du pouvoir. La normalisation n'a pas pour seule raison de faciliter le contrôle et les comparaisons en rendant les informations et les règles standards. Elle est aussi un élément essentiel de la centralisation du pouvoir étatique situé en dehors et en surplomb de la société civile. Elle ôte des libertés de choix, des marges d'action aux citoyens incités à se conformer à un seul modèle, celui des détenteurs du pouvoir et de la rentabilité. Ainsi, peu à peu, se perdent l'esprit critique, la curiosité et l'innovation. Les assujettis n'ont plus de moyens de comparaison autonome et prennent des habitudes. Ils finissent par intérioriser les comportements de conformité attendus par le pouvoir.

Dans les normes françaises, ajoutons que les lois EGalim (bientôt 4 ; cela dit le sérieux de ces lois qui prétendent faire rémunérer l'agriculture au juste prix sans modifier le rapport des forces entre paysans, coopératives, fournisseurs, grande distribution, notamment lors des prétendues négociations entre les super centrales d'achat et les fournisseurs) sont gentiment violées parce que, grâce à l'Europe, la grande distribution a ouvert des centrales d'achat hors territoire français. Elles peuvent ensuite, en France, exiger de leurs fournisseurs des prix de marché européen ou mondial. Les fournisseurs se retournent alors contre les agriculteurs et leurs coopératives pour exiger aussi des prix de plus en plus bas (ce qui sera aggravé par le Mercosur). Conclusion : les petits agriculteurs de qualité sont la variable d'ajustement des prix agroalimentaires. C'est ainsi que M. Leclerc, le pape des bas prix en faveur des consommateurs, plombe la concurrence en oubliant de dire que la plus grosse part de la différence va dans les poches des centres Leclerc et pas dans celle des acheteurs. Le maréchal (des maraîchers si on suit

Boris Vian) de la grande distribution, M. Leclerc, a, du reste, une centrale d'achats à... l'étranger !

Et voilà pourquoi, faute de grives et avec des normes, la petite agriculture française est muette. Il va de soi que cet exemple peut illustrer le rôle néfaste des normes quand elles sont *« embedded »* (embarquées) par les néolibéraux afin de servir le SLC et le profit.

Finissons sur une appréciation de la nature réelle du droit mis en œuvre dans l'UE. Ce droit, d'inspiration ordo-libérale teutonne, repose sur le primat d'une concurrence illimitée imposée par des règles absolues données par les directives et règlements de l'UE. Il donne tout aux marchés, par exemple à celui du gaz, importé de Russie à bas prix par l'Allemagne. Le gaz devait même être écologique et pas le nucléaire français afin de détruire le seul avantage compétitif de la France. Mais la guerre en Ukraine en a fait décider autrement et a fait multiplier par 20 les prix du gaz et donc de l'électricité (marché européen de l'électricité fondé sur le prix du gaz importé de Russie !). On reconnaît la patte écologique teutonne... La libre circulation de tout dans l'UE règne, ce qui a permis l'exportation des mafias de l'Est en Europe. Schengen repousse la gestion de l'immigration aux confins de l'UE et aux pays les plus proches des sources d'émigration. Les coopérations entre industriels sont quasiment interdites, sauf quand elles profitent à l'Allemagne (exemple d'Airbus où les brevets français sont ainsi donnés aux Allemands). Les aides étatiques sont interdites, mais pas les régionales ou provinciales. Du coup, les Caisses d'épargne locales, les banques régionales (toutes les deux exclues de « l'Union bancaire européenne » par le gouvernement allemand) et les Länder tudesques peuvent aider leurs industries. C'est ce qu'on peut appeler une domination sous l'apparente neutralité ou positivité du droit. Les dettes publiques sont restreintes par l'UE alors que le monde entier fonctionne sur leur expansion (exemple : les USA : 26 000 milliards de dollars de dette et un déficit de 7 % du PIB).

Comme tout se tient dans le néolibéralisme, il fallait aussi réformer l'éducation afin de ne pas sombrer dans les errements de Condorcet sur la nécessité d'offrir aux futurs citoyens les moyens de l'égalité des chances pour aller jusqu'au maximum de son potentiel, être « mature » (Kant) et autonome. C'est l'objet de l'étude qui suit. En effet, les structures de formation sont un relais fort efficace dans la transmission des Saintes Écritures libérales et l'intériorisation des mentalités favorables au néolibéralisme individualiste. On ne saurait laisser la formation aux mains critiques des philosophes et sociologues ou dissidents. Comme dit le proverbe : qui n'a qu'une cloche n'a qu'un son. Il faut donc que le néolibéralisme puisse limiter au maximum l'enseignement de vues contraires à sa doxa. Naturellement, il en va de même pour l'information et les statistiques.

Étude X :

Une éducation instrumentale et inégalitaire

L'éducation est un des vecteurs les plus puissants de la diffusion et de l'intériorisation de l'idéologie libérale ou néolibérale. Les partisans des Lumières l'avaient fort bien compris. Les néolibéraux, sans doute lecteurs de Gramsci pour ce qui est du rôle de la culture hégémonique dans le « bloc historique » aussi. C'est pourquoi nous examinons ce problème derechef en faisant, une fois n'est pas coutume, du *benchmarking*, de la comparaison, entre l'approche libérale des Lumières et celle mise en œuvre dans le néolibéralisme. Par exemple, la finance cherche uniquement l'utile et le rentable contre l'esprit critique et la réflexion. De ce fait, surgissent des boîtes de formation qui délivrent à grands prix des diplômes sans valeur et non reconnus officiellement. Les banques s'engouffrent et offrent des crédits aux étudiants impécunieux. Aux USA, il y en a déjà pour 1 600 milliards de dollars ; ce qui fait redouter une nouvelle crise des *subprimes*. Gageons que les faux diplômés de ce système seront aisément placés grâce au « capital social » de leurs parents.

– Les missions ou finalités

Le libéralisme des Lumières avait assigné les fins suivantes à l'éducation ou instruction : préparer les élèves à l'autonomie et développer leur esprit critique pour être de bons citoyens pouvant participer à la *Res publica.* Il fallait aussi les pousser à atteindre le maximum de leur potentiel et de leurs aptitudes ou capacités, les libérer des obscurantismes au profit de leur raison et du « doute méthodique ». Le néolibéralisme, sauf pendant la période des États-providence, s'est employé par petites touches successives (dont, en France, le collège unique qui fut surtout une arme de sélection sous prétexte de démocratisation) et en utilisant l'arme bien connue des restrictions budgétaires (pour faire péricliter un service public rien ne vaut le serrage de kiki, ce qui le rendra inefficace et donc permettra ensuite de le critiquer, puis de le supprimer) à rendre l'Éducation nationale très sélective et inégalitaire. Les missions, effectives, mais dissimulées, furent d'évaluer, sélectionner, orienter, séparer les futures élites des « manuels » cantonnés aux études courtes et professionnelles, donc servir à la légitimation méritocratique justifiant les inégalités. La mission principale était de reproduire les inégalités au profit des « Héritiers » (Bourdieu et Passeron). « En même temps », on observe la tendance, qui démarre en France, d'augmenter énormément les frais de scolarité et celle des banques pour en profiter en proposant des prêts aux étudiants.

– Les contenus

Le libéralisme insistait sur les « humanités », la culture générale (toutefois c'était réservé à une mince élite, car, par exemple, en 1960, il n'y avait que dans les 80 000 bacheliers en France sur une classe d'âge de 400 000). Les formations d'ingénieurs munis d'une bonne culture générale avaient le vent en poupe, mais afin de produire plus. Le néolibéralisme s'est adonné à des contenus opératoires, instrumentaux, spécialisés incapables de former des esprits créatifs et critiques. Montèrent en flèche les écoles propices au développement du SLC. Actuellement, la France dispose d'une profusion d'écoles « supérieures » parfois des boîtes de margoulins. Les grandes écoles de commerce, du reste fort bien placées dans les classements internationaux, remplacent les écoles d'ingénieurs qui sont en baisse relative (même les « Grandes Écoles ») au profit de l'ex-ENA, HEC et Sciences Po. Cela montre clairement le type de société favorisée par des gouvernants néolibéraux. Aux USA, le contenu valorisé pour les futures carrières, c'est le droit (procédural et très juteux). Les contenus sont effectivement des armes redoutables pour promouvoir la méritocratie, sélectionner et préparer aux fonctions utiles au SLC. Ce sont souvent des « emplois à la con » (*bullshit jobs*, Graeber) : commerciaux en tout genre, publicitaires et communicants, avocats, hauts fonctionnaires fiscariotes, politiciens-godillots, médiatiques, banquiers et traders, financiers et assureurs, etc. Sous Hollande, Mme Vallaud-Belkacem étant ministre de l'Éducation nationale, M. Tirole, Prix « Nobel » d'économie (en fait le prix décerné par la Banque de Suède), avait imaginé, sans doute en tant qu'économiste hyperlibéral, de faire interdire l'enseignement des théories économiques non *mainstream*. Cela en dit long sur le contrôle des contenus de l'enseignement que voudraient imposer les néolibéraux aux gouvernements. C'est une conception curieuse de la liberté qui montre l'écart entre la théorie et les pratiques réelles.

– Les moyens

Dans le libéralisme, il s'agissait de garantir (en théorie, mais c'est un « principe régulateur », une asymptote à viser, une orientation de long terme) : l'égalité des chances. C'est pourquoi l'enseignement devait être gratuit et public (hélas dans les mains de l'État au lieu d'être fédéré et socialisé). Mais ce n'est pas tout : il fallait que les écoles et les lycées couvrent suffisamment le territoire, qu'il y ait de grandes salles communes d'étude ensemble, au lieu de travailler ses leçons et devoirs chez soi (ce qui est structurellement inégalitaire en fonction des moyens des parents), et des internats. C'étaient des concours qui organisaient la sélection afin de garantir sa neutralité. Hélas, c'était déjà méritocratique, ce que le libéralisme a exploité avec bonheur. Les professeurs étaient socialement respectés, notamment par les parents, et reconnus (les fameux « hussards noirs » de la République selon Péguy) et relativement bien payés ou munis de privilèges (le logement des instituteurs, par exemple). Les diplômes avaient de la valeur sociale. Le néolibéralisme est passé par là et a camouflé ses vraies intentions derrière le masque de la démocratisation de l'enseignement. C'est effectif, si on raisonne en quantité sans compter le fait que bien des diplômes ont perdu leur valeur (95 % des jeunes obtiennent le « bac » général) faute d'emplois la reconnaissant. C'est oublier que le baccalauréat ne vaut plus grand-chose et que la sélection se fait ensuite à l'Université. C'est oublier la dégringolade de la France dans les enquêtes PISA. Le vœu de 80 % de bacheliers de M. Chevènement est réalisé (et même désormais à plus de 90 %), mais ce diplôme ne vaut plus rien et c'est un logiciel (pas neutre du tout et très opaque), Parcoursup, qui fait maintenant la sélection d'entrée dans le cycle de l'enseignement supérieur. C'est le résultat de l'étranglement des structures de formation par les finances qui sont loin d'avoir suivi le cours de l'extension démocratique. Les professeurs ont été de moins en moins payés, les internats ont disparu, les grandes salles d'étude itou, les candidats au professorat disparaissent (mal payés et sans reconnaissance sociale, pas défendus par l'administration) au point qu'on recrute de plus en plus d'intérimaires ou de contractuels peu compétents et précarisés. L'enseignement public se voit supplanté par les écoles privées, payantes et, quand même, subventionnées (sous contrat) et pas contrôlées (voir Bétharram). Les frais de scolarité dans ces écoles ou universités privées (qui reçoivent aussi de l'argent de fondations, de mécènes, de laboratoires, de l'État) sont devenus astronomiques (dans les 40 000 euros pour 3 ans de scolarité à HEC) et, comme aux USA, la sélection par l'argent fonctionne à plein régime. Il n'est donc pas étonnant que moins de 10 % des enfants issus des classes populaires fassent des études supérieures (encore bien moins dans les Grandes Écoles). Le néolibéralisme a ainsi torpillé l'égalité des chances dont ses thuriféraires se gargarisent pourtant ! Car il fallait quand même garder le voile pudique de la méritocratie légitimée pour commander toute sa vie à partir du moment où est décroché le saint graal du diplôme. Félicitons l'Allemagne d'avoir conservé une promotion sociale dans les entreprises et donc de n'avoir pas sacralisé le diplôme à vie même si l'orientation vers les études courtes y est plus précoce qu'en France. En outre, on peut faire les plus grandes réserves sur les modalités de sélection qui sont le plus souvent construites pour reproduire les inégalités sociales. Enfin, le lien entre professorat et recherche a été rompu sauf peut-être dans les CHU parfois subventionnés par un laboratoire pharmaceutique aux fins d'une recherche appliquée utile au seul dit laboratoire.

– La relation maître-élève et les méthodes pédagogiques

Le libéralisme a commencé par la méthode traditionnelle de la transmission du savoir sous l'autorité du maître, les élèves, assis en rang d'oignon, l'écoutant religieusement. Cette méthode, dite du modèle et de l'écart (le maître transmet le modèle que les élèves doivent régurgiter lors de contrôles *ad hoc* ; c'est évidemment essentiel de conserver cette pédagogie de jésuites pour que les formes ne sachent rien d'autre), a été controuvée par les pédagogues, comme Freinet, Pestalozzi, Jacotot, Decroly, Montessori, etc., et invalidée par les sciences modernes, le pragmatisme (Dewey fut un très grand pédagogue), et les penseurs comme Rousseau, Condorcet ou Proudhon. L'enseignement, pour forger des êtres libres sans les dresser ou formater, doit être actif, prodigué en groupe comme situation de résolution collective de problèmes et non comme transmission dogmatique de prêt-à-penser. Le néolibéralisme n'en a pas tenu compte du tout. Où irait-on si les élèves pouvaient penser par eux-mêmes comme le demandait Kant ? Le vrai libéralisme pédagogique propose que l'enseignant soit un animateur, un conseiller, une aide à disposition du collectif d'élèves. Les enseignants doivent être pluridisciplinaires, collaborer pour mettre en place des situations-problèmes, des études de cas, des simulations et même des jeux d'apprentissage dans une pédagogie de la découverte et de l'appropriation au lieu de recevoir passivement un modèle standard. Naturellement, le néolibéralisme n'a pas besoin de cela. On en est même à ne pas tenir compte des techniques modernes qui devraient amener à modifier drastiquement le rôle des enseignants. Les contenus pourraient se trouver déjà dans des pédagothèques (manuels, jeux, vidéos, Internet et enseignement à distance, etc.), ce qui supprime la fonction de transmission à condition que les écoles soient munies des moyens nécessaires en vue de l'égalité des chances (pédagothèques, répétiteurs et animateurs). Cela permettrait sans doute de diminuer le nombre d'enseignants-transmetteurs au profit d'animateurs pluridisciplinaires et bien mieux payés. Le libéral pur jus réserve cela aux boîtes privées et payantes, car la routine enseignante actuelle est bien plus sécurisante pour le pouvoir afin de pouvoir détruire les écoles publiques. On y continuera la formation spécialisée par disciplines et hiérarchisée par niveau de diplôme de façon que le certifié jalouse l'agrégé, qui, du reste, est en train de partir à l'université sauf pour les profs des classes préparatoires aux Grandes Écoles.

– Le contrôle

Rêvons un peu et songeons à une institution de formation qui serait socialisée et non étatisée, ce qui n'a pas été envisagé par les libéraux pro-SLC. Socialiser l'éducation serait la mettre sous la direction et le contrôle d'un conseil d'administration multipartite représentant toutes les parties prenantes (parents d'élèves, enseignants, collectivités locales, syndicats, élèves adultes, personnels de service), indépendant, tant de l'État que des puissances économiques. Ce serait rendre les établissements autonomes et autogérés et eux aussi munis d'un CA multipartite. Ce serait unir tous ces établissements dans une fédération nationale possédant « en mains communes » l'ensemble des installations. Cette fédération devrait être contrôlée par un parlement fédératif, lui-même très démocratique. C'est ce système global que Proudhon souhaitait voir s'installer comme quatrième pouvoir ou « pouvoir enseignant ». Il conviendrait donc de placer l'éducation dans un système de socialisme démocratique contrant les menées d'un hyperlibéralisme économique échevelé qui, par logique automatique et impersonnelle, envahit tous les domaines de l'existence. C'est le CA socialisé qui contrôlerait l'institution fédérative et des conseils multipartites dans les établissements. On en reviendrait aux épreuves écrites et anonymes, corrigées par les enseignants d'un autre établissement. On proscrirait l'oral préconisé par M. Blanquer, car c'est un privilège culturel que de savoir bien parler en public. C'est ce qui se faisait dans le concours de l'ex-ENA où il fallait pouvoir raconter n'importe quoi sur n'importe quel sujet en 15 minutes chrono.

Le néolibéralisme n'a pas « qu'instrumentalisé » la formation. Il s'en est pris à toutes les dimensions sociétales. En particulier, la nature et les groupes humains n'ont cessé d'être mis en coupe réglée, aux fins de maximisation des profits, par le libéralisme, devenu néo et pratique, à savoir le SLC. En même temps, les structures de protection de la santé individuelle et publique furent abandonnées aux mauvais soins des praticiens du néolibéralisme, mués en propagandistes du SLC. C'est pourquoi nous examinons maintenant comment le système de santé a été détruit pour faciliter l'emprise commerciale des firmes privées et essayer de diminuer les dépenses et les déficits publics.

Étude XI :

La destruction de la Sécurité sociale

La Sécurité sociale française a été fondée en octobre 1945 dans le sillage du programme du Conseil national de la Résistance (CNR). On créa un régime général de retraite par répartition et les dépenses de santé furent mutualisées dans un organisme national qui était géré par des représentants des cotisants et salariés pour l'essentiel de la population (la Sécu a été refusée par, notamment, les artisans, les commerçants, les religieux, les notaires). Ce fut une grande victoire sociale et un des éléments majeurs de l'État-providence à la française.

Hélas, des vers figuraient déjà dans le fruit, ce que nous allons voir surtout pour la branche maladie. La Sécu n'a rien enlevé au corps médical, très libéral, ni aux patients. On obtint donc une socialisation des dépenses et une privatisation des gains (médecins, cliniques, labos). La Sécu fonctionnait à guichets ouverts à toute demande. Bref, on a réussi le tour de force d'avoir à la fois le pire libéralisme et une grande protection socialisée. La mutualisation était obligatoire pour chaque personne au statut de salarié, ce qui est tout à fait contraire aux principes d'une mutuelle. Les représentants étaient élus, mais sur des listes dressées par les syndicats, ce qui permit de beaux trucages (surtout à FO) et c'était surtout une représentation des intérêts syndicaux et non des cotisants. C'était que l'époque se situait du côté des étatistes. Enfin, cependant les salariés furent garantis contre la maladie et pour leur retraite par répartition. Salariés et patrons cotisaient tous deux pour assurer cela.

L'énorme masse d'argent, parfois mal gérée par de faux syndicalistes, échappait à la voracité du capital, qui, ailleurs, profitait des fonds de retraite par capitalisation. Celle-ci est une horreur sociale, car elle assujettit les salariés au capitalisme au lieu de conserver une opposition et une équilibration des forces entre la classe patronale et la classe ouvrière dont les intérêts sont supposés convergents dans la capitalisation, du reste, comme l'intéressement et la participation. Naturellement, cette masse d'argent suscita des convoitises néolibérales et étatiques. Or, cet argent devait rester dans les mains des cotisants tout simplement parce que c'était le leur en tant que salaire différé. Un libéral devrait quand même respecter la propriété, non ? Un premier coup de poignard dans le dos fut donné par les ordonnances de 1959 qui enlevèrent la gestion de la Sécu aux syndicats pour, en quelque sorte, commencer de l'étatiser. Le gouvernement avait compris qu'il devait maîtriser la dépense et voulait centraliser à son profit. Et, ensuite, les technocrates et politiciens imaginèrent que pour accélérer cette diminution, il fallait, d'après eux, rabaisser l'offre, d'où un fort affaissement du numerus clausus. Ce qui aida beaucoup à l'apparition de « déserts médicaux » en France. Les médecins libéraux étaient contents, car cela allait diminuer la concurrence et augmentait leur patientèle.

Ensuite, le pouvoir, quel qu'il soit, socialiste ou libéral, avec sa technocratie énarchique, inventa la T2A (tarification à l'activité, en 2004, puis le plan gestionnaire Hôpital, en 2007). C'était un mode unique de tarification pour le privé (cliniques) et le public (hôpitaux). L'idée officielle était de standardiser la tarification des actes et leur mode de financement. La visée cachée était de mettre de la concurrence entre les deux secteurs. Les technocrates ignorèrent le fait patent qu'il y avait des malades relevant simultanément de plusieurs spécialités, des cas complexes et graves ne pouvant pas être cernés par une approche purement quantitative, gestionnaire et financière. Dès lors, la concurrence était faussée en faveur des cliniques, car quand on est énarque, on ne peut pas penser à tous les facteurs en plus de la dépense. Elles prirent le marché des cas faciles et juteux, alors que les hôpitaux eurent les autres, plus les charges de formation et de recherche et les coûteux investissements comme les scanners (CHU), non rémunérés par la T2A (ce qui n'était pas le cas avec l'antérieure dotation globale des Hôpitaux), plus les urgences. Les hôpitaux, victimes de la concurrence des cliniques, se virent obligés d'embaucher des toubibs étrangers qu'ils payèrent, du reste, avec un élastique.

Mais ce n'est pas tout. Soucieux de combler le fameux trou de la Sécu, les gouvernants eurent l'idée de trafiquer les tarifs en les abaissant (lors du vote du budget de la Sécu au Parlement). Pour ce faire, il y avait déjà l'Ondam (Objectif national de dépenses de l'assurance-maladie, puis l'objectif maximum fixé par la LFSS, loi de finances de la Sécurité sociale). L'astuce, typiquement fiscariote et gestionnaire, était de faire diminuer le prix des actes, pour obtenir des économies. C'est une ânerie puisque pour compenser le nombre d'actes, les hôpitaux augmentèrent leur nombre et choisirent si possible les opérations les plus rentables. Cela rappelle les plans quinquennaux soviétiques : une période, on fixa un objectif en nombre de clous ; résultat énormément de petits clous ; le quinquennat suivant, l'objectif fut une production évaluée en poids ; résultat énormément de très gros clous. Ce qui montre que des objectifs standards et quantitatifs fixés par une bureaucratie, c'est du gaspillage et de l'insatisfaction sous prétexte de modernisation et d'amélioration par la normalisation et la centralisation ou concentration (suppression de petits hôpitaux et spécialisation par pôles de prétendue excellence). Au passage, force est de constater que les véritables causes de la dégradation du système français sont ignorées par les gouvernements néolibéraux.

Pour s'en convaincre, il suffit d'examiner les économies que la Sécu-maladie compte faire, en tapant dans les dépenses sans se demander d'où elles proviennent et quelles sont leurs causes. Ainsi, la chasse aux arrêts-maladies, qui ont explosé il est vrai, a été ouverte et les toubibs ont été mis dans le viseur de l'opprobre public. Si ces dépenses ont tellement augmenté, ce serait la faute des médecins, ces galeux, ces pouilleux et pestiférés (il faut lire La Fontaine dont les fables ont beaucoup prévu). Sans sortir de polytechnique, il serait déjà bon de noter que la population a vieilli et que, surtout, la prétendue Médecine du travail a disparu, car elle a été mise au service des patrons afin de ne pas critiquer les conditions de travail par eux déterminées et, donc, engageant leur responsabilité. Les « médecins-conseils » de la Sécu, branche maladie, travaillent, hors du terrain, en se fondant sur des statistiques comparatives qui permettent de dénoncer les moutons noirs : les toubibs qui prescrivent trop d'arrêts du travail ou trop longs par rapport à la moyenne (comme pour les prescriptions de médocs) de leurs confrères, le plus souvent sans s'interroger sur la patientèle du coupable présumé. Une instance de conciliation pour examiner le cas des « surdonneurs » d'arrêts de travail avait été créée et a été supprimée par le dernier sinistre de la Santé sous Macron !

Mais cela revient en force au nom de la chasse à la fraude sociale dénoncée par Mme Vautrin. C'est merveilleux combien et comment les outils internet de collecte de données permettent de tout savoir, de contrôler et de sanctionner par comparaison de données statistiques sans mettre un orteil en dehors de son bureau lambrissé et doré de fonctionnaire aux ordres.

L'intérêt de tabler sur des statistiques comparatives, qui plus est, dans les préfectures de la santé (les ARS) et chez les manches de lustrine et les ronds de cuir de l'assurance-maladie (nationalisée, étatisée au lieu d'être fédérée et mutualisée et autogérée) qui, désormais, lèchent les bottes du pouvoir, c'est de faire disparaître la raison profonde et essentielle du problème. Le pouvoir et ses sbires, stipendiés ou menacés de licenciement s'ils ne psittacisent pas la parole d'icelui, jettent aux oubliettes les conditions et l'organisation du travail (rythmes, cadences, horaires, salubrité, pénibilité, etc.). Devinez qui en est responsable ? Le patronat qui est le chouchou du pouvoir, raison pour laquelle Macron a saboté le droit du travail, l'assurance-chômage, la pénibilité et l'âge de la retraite. Le fait que les cadences soient devenues outrancières, les horaires atypiques, les contrats de travail précarisés, la coupure lieu de travail/domicile éliminée (via Internet et les réseaux sociaux ; par exemple, un cadre est prié de répondre à son patron à n'importe quelle heure et pendant ses loisirs !) n'a aucune incidence sur la santé au travail, le stress, le burn-out, les troubles musculosquelettiques, etc. L'organisation du travail avec son « lien de subordination », est redevenue un domaine sacré où les instances sociales et publiques n'ont pas à intervenir. En outre, cela est fait pour dédouaner les entreprises de toute responsabilité pour ce qui est des maladies professionnelles, des accidents du travail et, bien évidemment, de toute cotisation sociale *ad hoc* ou dédommagement. Que le pouvoir roule pour le capital n'est pas un secret ; ce qui devient nouveau, c'est l'art du mensonge et le refus d'assumer ses responsabilités et les coûts afférents. On feint de s'étonner de leur progression, alors que les coupables principaux sont aisément repérables et devraient payer pour expier leurs méfaits. Et que deviendraient alors la compétitivité et la croissance (surtout celle des dégâts pour les travailleurs) ?

Tout est structuré et « légalisé-légiféré » pour que les responsabilités soient individuelles (celles du patient, du travailleur, du toubib) afin que les causes sociales et organisationnelles des problèmes (notamment causés par des entreprises « auto-régulées » suivant la doctrine néolibérale actuelle) soient évacuées des débats et que seul le peuple paye leurs effets négatifs. Le pouvoir promet de ne pas augmenter les impôts ; pur mensonge, car, par exemple, il va augmenter les taxes qui pèsent du reste plus lourd sur les pauvres. Ainsi, notre gouvernement, quoiqu'évanescent, va passer la TVA sur les abonnements au gaz de 5,5 à 20 % ! Salauds de pauvres ! En outre, le vrai problème n'est pas dans les arrêts-maladies, mais dans le refus conscient et voulu des « autorités » politico-économiques de prendre en compte les conditions réelles de travail, lesquelles expliquent une part des pertes de productivité, la progression des arrêts de travail et le cramponnement des travailleurs sur la retraite à 62 ans.

Au passage, on voit que l'affaire est devenue totalement étatique et centralisée (Macron alla encore plus dans ce sens : renforcer encore plus la centralisation énarchique du pays contre les corps intermédiaires et les assurés sociaux) puisque le budget de la Sécu est fixé annuellement par la LFSS (1996) votée au Parlement comme le budget de l'État. C'est aussi celui-ci qui fixe le niveau des cotisations et qui a créé la CSG (contribution sociale généralisée, créée en 1990 à 1 % sous Rocard, actuellement à 9,2 % pour près de 130 milliards en 2021, censée remplacer les cotisations sociales des salariés pour la Sécu et le chômage) et la CRDS (contribution de remboursement de la dette sociale à 0,5 %). CSG et CRDS sont devenues des impôts, ce qui appuie le fait que la Sécu est totalement étatisée au lieu de nationalisée, comme en 1945. On remarque que le pouvoir politico-technocratique peut augmenter les taux à sa guise (un impôt est toujours plus grand vivant que mort, contrairement au duc de Guise). Autre combine : pour masquer la chose, on l'a appelée contribution sociale au lieu d'impôt.

Pour zigouiller en douceur un service public, la tactique étatique est bien connue : on lui sucre peu à peu ses moyens pour le rendre inefficace, puis on l'accuse d'être bien moins efficient que le privé, puis on refile tout ou partie de sa fonction au privé. Cette politique (du genre des tranches de salami chères à Staline) de torpillage par petites étapes peu voyantes et masquant la destination visée a été employée par tous les gouvernants soucieux de diminuer les charges du pays pour que celui-ci soit compétitif dans « la concurrence libre et non faussée ». Là, les technocrates gestionnaires sans imagination, mais avec le projet de convertir de force le pays au SLC, font flèche de tout bois et se surpassent chaque année : augmentation du ticket modérateur ou du prix de la « nuitée », mais en la faisant payer par les mutuelles. Ce sont le plus souvent des fausses, car ce sont des assurances privées qui ensuite doivent augmenter leur propre tarif, ce qui, *in fine*, est payé par l'assuré. On supprime des lits d'hôpitaux soi-disant pour faire de l'ambulatoire. On abaisse continuellement les salaires en monnaie constante. On appelle des médecins « supplétifs » émigrés et *low cost*. On diminue drastiquement le numerus clausus. On adopte des mesurettes : mise en concurrence privé/public, paiement de la restauration et de l'hébergement comme dans un hôtel et gestion à la fois préfectorale et de type privé par les ARS (Agences régionales de santé). Le but général du pouvoir néolibéral est d'alléger les charges sociales (ou en tout genre) pour mener le combat de la compétitivité au sein du SLC européen et mondialisé. Car, être à la fois compétitif et avoir des dépenses sociales (ou environnementales, de normes de santé et écologiques) n'est pas tenable si les autres pays ne le font pas. Ce petit jeu ne peut durer éternellement et la seule solution serait de taxer les importations au niveau du différentiel de normes et de charges.

Puis on eut la géniale création, en 2010, des ARS, qui fixent les normes de saine gestion financière à appliquer par les gestionnaires qui administrent les hôpitaux et la santé. Ce fut extraordinaire, car maintenant nous avons davantage de « stratifs », de type préfectoral, c'est-à-dire aux ordres, dans la santé hospitalière (laquelle se moque de la charité et des relations sociales entre soignants et avec les patients, car cela n'est pas compté dans les procédures) que de personnel soignant ! Mais Mme Bachelot, ex-ministre des ARS, est contente et parade à la télé.

Ce qui est très frappant dans cette belle histoire, c'est que toute anticipation, planification, projection dans le futur a disparu. C'est normal parce que la politique néolibérale pro-SLC consiste en ce que tout doit fonctionner automatiquement et tout seul, en tant que marché efficient et autorégulé, sans intervention étatique. C'est la politique du chien crevé au fil de l'eau chère à Metternich, au Dr Coué et à M. Queuille. C'est pourquoi nos hauts fonctionnaires n'ont pas anticipé que les techniques évoluaient (plus complexes et plus chères), que la durée de vie augmentait, que la chimie, la malbouffe, la pauvreté et la pollution créaient des maladies, que la destruction de la nature donnerait des zoonoses. Ou, s'ils l'ont entrevue, ils ont mis cette poussière sous le tapis en se disant que les malades paieraient, car la santé, c'est trop précieux. Ils ont aussi tout fait pour que les pollueurs ne soient pas les payeurs de peur d'attenter à la sacro-sainte compétitivité. Jamais les entreprises et les agriculteurs productivistes ne sont mis à contribution pour compenser les dégâts de leurs progrès. Donc, il n'y a ni anticipation ni planification pour gouverner.

Ce qui devient aussi évident, c'est que c'est le seul but poursuivi est de faire diminuer les dépenses en rationnant les activités et, notamment en ayant un personnel et des médicaments à bas prix. Ce qui produit d'énormes dégâts jamais envisagés. Par exemple, avec les salaires comprimés (comme pour tous les salariés publics ou privés), le recrutement devient très difficile et encore plus si on prend en compte les conditions de travail. En outre, les laboratoires pharmaceutiques, même le Français Sanofi (dirigé par un Américain qui a vendu Doliprane !), préfèrent vendre ailleurs où leurs médicaments sont mieux payés. Ce qui crée des pénuries en France (notamment de psychotropes) où on a promis qu'elle redeviendrait souveraine en la matière ! La combine, typiquement SLC, est simple : on délocalise pour produire moins cher (vive la réindustrialisation) et on vend là où les prix sont les plus élevés. Ce qui n'est pas le cas de la France dont l'agence du médicament fixe des prix inférieurs à ceux du marché mondial afin de faire des économies pour demeurer compétitif.

On peut aussi prendre en considération pour illustrer la déréliction d'un service de santé autrefois vu comme un des meilleurs du monde : les urgences. Maintenant, elles sont surchargées, manquent de lits au point qu'on y stocke des patients dans des couloirs et même des garages. C'est dû à de multiples causes fort peu anticipées ou analysées. Déjà, le pouvoir a oublié qu'il avait dispensé les médecins de ville d'assurer une astreinte de nuit et jours fériés et que nombre de docteurs n'allaient pas s'installer dans des lieux peu propices à l'activité. On manque, comme déjà vu, de médecins. La pauvreté pousse bien des gens à aller de suite aux urgences plutôt que de consulter dans le privé ou d'appeler SOS Médecins qui est bien trop cher pour eux. Faute d'anticipation et de vues politiques, les rapports entre le secteur public et le privé n'ont jamais été réexaminés. La place de la médecine ambulatoire est toujours incertaine. On a laissé les libéraux installer deux ou trois secteurs de paiement : le conventionné secteur 1, lambda, le secteur 2 à tarif conventionné, le secteur totalement libre. Le résultat est l'anarchie, c'est-à-dire le libertarisme en pire.

Mais ce n'est pas la pire destruction entraînée par le passage à la théorie néolibérale appliquée dans le SLC évolutif. La nature est à l'agonie, le climat est torride, la biodiversité s'effondre. Et pendant ce temps, les affaires continuent comme chez Darty en 1968. Comme on va le voir infra, le néolibéralisme pro-SLC a presque tué la nature (climat, environnement, biodiversité), car elle ne peut pas se plaindre (donc pas de procès procédural contre les pollueurs en tant que victimes), sauf via des associations écologistes souvent pourchassées par les gouvernements.

Étude XII :

La destruction de la planète et des sociétés

La destruction de la planète par l'accumulation capitaliste est maintenant avérée sous le nom « d'anthropocène ». Marx lui-même s'en était beaucoup ému, à la fin de sa vie, dans des notes non publiées jusqu'à ce jour. Le problème est connu par tout le monde depuis le rapport Meadows de 1972. La suite des COP (et des rapports du GIEC de l'ONU ; il y a une COP en cours, tenez-vous bien à Bakou, capitale de l'Azerbaïdjan, dictature qui entend développer encore l'usage des combustibles fossiles) a insisté en théorie sur la crise climatique sans être suivie d'effets notables. Le dépassement de température de 1,5 degré, préconisé par la 21 COP (Paris 2015 et sans aucun engagement substantiel et chiffré !) a été atteint en 2024. Les dégâts déjà enregistrés sont considérables : volume ou masse de dioxyde de carbone dans l'atmosphère, sécheresses, inondations, acidité des océans, pluies acides sur les forêts, incendies de forêt, perte de fertilité des sols, forte hausse des températures (+4 degrés au train où on va pour 2100), pertes considérables de ressources naturelles (agriculture et pêche), fonte des glaciers, diminution du débit des rivières, montée des océans et érosion des côtes, migrations humaines. Ils peuvent s'aggraver avec la fonte du permafrost et des effets imprévisibles de combinaison des facteurs de dégradation des seuils naturels. Et pourtant, la mécanique impersonnelle du SLC néolibéral, mise en pratique dans les configurations sociales, continue par effet d'hystérésis et de résilience des classes sociales favorables au capitalisme actuellement au pouvoir dans les pays occidentalisés. C'est montré, par exemple, par les volitions d'un Trump réélu le 5 novembre 2024 et par le recul de l'UE (et de ses pays membres comme la France) dans les politiques de défense de l'environnement. Pourtant, les remèdes néolibéraux étaient déjà faibles, car fondés sur le traitement des dégâts du marché par plus de marché et par « des incitations ».

Dans ce cadre, il est aisé de comprendre pourquoi a surgi un mouvement mondial de contestation de la domination-exploitation occidentale (lancé avec les BRICS et tendant à l'expansion d'un Grand Sud autonomiste et contestataire). Lesdits BRICS ont été rançonnés et dévastés, et Trump veut continuer de le faire au profit des USA avec sa guerre des droits de douane (il va même jusqu'à vouloir punir Lula du procès fait au fasciste-pinochétiste Bolsonaro). Les griefs sont nombreux : dégradation des termes de l'échange, augmentation de la dette indue, quasi-vol des matières premières, abus d'extraterritorialité, subordination au dollar, refus d'aider à la défense de l'environnement pourtant détruit par le SLC, etc. Ce qui est curieux, mais sans doute lié avec l'impossibilité de sortir rapidement du néolibéralisme libre-échangiste, c'est que la solution simple (ne plus utiliser le dollar dans les échanges et ne plus acheter de bons du Trésor US) n'a pas été vraiment examinée au sommet des BRICS à RIO, en juillet 2025. Ce mouvement a compris que les sanctions occidentales (contre l'Iran ou la Russie), c'est de la rigolade, car c'est fort aisé à contourner. On peut donc se détacher de l'emprise US et occidentale. Cela est d'autant plus facile que la social-démocratie européenne se met à imiter l'extrême droite en adoptant des mesures populistes anti-immigration sans se démarquer du néolibéralisme pro-USA. Du reste, une bonne partie de l'Europe continue de se réfugier sous les ailes armées des USA. Hélas, ce Grand Sud, dont les BRICS, n'a pas encore compris que la Chine ne lui prête que pour le dominer et même l'exploiter par la dette, comme l'Occident.

Rappelons que le développement pratique et logique (la course à l'argent étant encouragée pour tout le monde par ladite logique) du SLC a commencé avec le massacre et l'esclavage des Indiens d'Amérique (Sud et Nord), la traite et l'esclavage des Noirs, les colonisations, les meurtres de populations pour voler des minerais ou des combustibles, pour s'emparer de terres des indigènes afin de faire, par exemple, de l'huile de palme, des bananes, du soja, de l'élevage extensif… Les immenses catastrophes, liées à l'industrialisation sans précaution de sécurité pour conserver les profits, abondent, dont celle de Bhopal en Inde, de Tchernobyl en Ukraine, de Seveso en Italie, etc. Les pays du Sud ont été pris comme lieux d'envois des déchets toxiques (Bangladesh) ou comme endroits de production à bas coût (Chine) quoi qu'il en coûte pour la santé des populations. Les pêcheurs de Somalie, chassés de la mer par des bateaux de pêche énormes et ravageurs, ont été obligés pour survivre de se mettre à la piraterie. Ceux du Sénégal sont ruinés par un accord de pêche léonin entre la Chine et leurs dirigeants. Bref, la destruction et l'exploitation du Tiers-Monde continuent de prospérer alors que c'est lui qui va subir les conséquences les plus désastreuses du changement climatique. En outre, les pays développés, à l'origine de l'accumulation industrielle et des pollutions, refusent de les aider financièrement. Où sont les 100 milliards par an promis lors des COP ? La Chine, première émettrice mondiale de gaz carbonique (car elle est l'atelier du monde), ne contribue pas et on sait déjà que Trump a quitté les COP et le fameux accord de Paris en trompe-l'œil. Il est vrai que la Chine usine à la place de l'Occident et donc pollue pour eux. Elle ne contribue pas parce que, 30 ans après, elle est toujours classée dans les pays en développement !

Ne nous leurrons pas : la destruction de la planète, des groupes humains et de leur culture (comme en Amazonie) n'est qu'un corollaire de la course à l'accumulation et au profit qu'a installée le système productiviste capitaliste. Il semble impossible de sauver la planète si ce système automatique et impersonnel, qui force les comportements de tout le monde, perdure. Les propositions de la géoingénierie ou des techniques nouvelles pour compenser les émissions de gaz carbonique, les astuces capitalistes pour sauver le marché par les recettes du marché (voir les marchés des droits d'émission de carbone, les incitations à la Tirole) ne font que susciter des espérances pour ne rien faire contre le SLC. Les solutions envisagées sont pleines d'effets secondaires non étudiés. On oublie les effets « rebonds » décrits par Jevons (si la productivité fait baisser les prix, la demande augmente). Les calculs de PIB ne prennent pas en compte les externalités négatives (conséquences néfastes et nuisance du productivisme et de la consommation). Pour lutter contre les effets négatifs du SLC, encore faudrait-il qu'ils soient recensés et analysés. Contre la raison libérale, qui demeure ainsi théorique, les praticiens du SLC, les yeux fermés et les oreilles bouchées, ne cherchent que le profit, car ils y sont obligés par la logique coercitive et automatique du système.

La casse ne se limite pas à celle de la nature. Dans la course mécanique au moins-disant au nom de la compétitivité sur les marchés internationaux concurrentiels, ce sont aussi les droits et modèles sociaux, la justice, l'égalisation des conditions, les rapports de production et les relations sociales, la démocratie qui sont laminés pour que le SLC néolibéral puisse encore et encore accumuler et profiter. C'est montré par la politique constante menée par l'UE qui a mis en concurrence les modèles sociaux et les niveaux de vie des 28 puis 27 pays adhérents sans s'étonner de la remontée des nationalismes et des populismes antidémocratiques et anti-pluralistes.

Tout est parti de l'idée de Descartes : les hommes doivent se rendre maîtres et possesseurs de la nature, c'est-à-dire l'exploiter, ce qui n'est pas s'opposer à la volonté de Dieu qui l'a créée. Ce fut repris par le libéralisme qui, en accentuant drastiquement les libertés des propriétaires, autorisa l'exploitation des terres et des mers. Le néolibéralisme, lui, transforma la nature (pesticides, engrais chimiques, OGM, FIV, changement de sexe). La financiarisation va la transformer en argent et en dettes, en spéculation au lieu de production, en promesses spéculatives (à la Musk) sur « l'homme augmenté », la durée de vie de 400 ans, le remplacement des organes HS, l'exploitation de Mars, etc.

Tout cela n'empêchera pas qu'il est illusoire d'espérer exploiter un monde fini (ce qu'avait déjà noté Valéry il y a bien longtemps) de façon indéfinie. Cela a marché au beau temps du colonialisme sans limites, montré par Léopold III, roi de Belgique, et du génocide des Hereros en Namibie en 1904 par le général von Trotha au service du Kaiser. Cela rappelait le bon temps du massacre d'Arabes par le général Bugeaud. C'était le temps ou le centre colonial pouvait abuser des périphéries colonisées par la puissance des armes et la propagande des missionnaires. C'est montré par la politique constante menée par l'UE qui a mis en concurrence les modèles sociaux et les niveaux de vie de ses 28 pays (puis 27, car le Royaume-Uni en est sorti avec le Brexit) adhérents sans s'étonner de la remontée des nationalismes et des populismes antidémocratiques et antipluralistes.

Cette destruction du monde commun est aggravée par le consumérisme ostentatoire et hédoniste propulsé en partie par la publicité et la mode qui poussent à l'éphémère et au gaspillage. On jette des tonnes et des tonnes de fruits et légumes non standardisés et calibrés, on fait de la *fast fashion*, de « l'obsolescence programmée » sans recycler, réparer, échanger, car cela nuirait au profit qui repose sur la maximisation des ventes. Cela ne doit pas faire sous-estimer les combines capitalistes.

L'exploitation éhontée de la nature, conduisant en même temps à la fin de la biodiversité et au travail forcé, voire pis, des communautés indigènes, résulte d'un triple déplacement situé, en outre, dans le court terme de la recherche du profit financier maximal. Nous distinguons en premier un déplacement technique vers toujours plus de productivité et d'accumulation avec les grandes entreprises qui, comme celles de l'automobile, poussèrent à d'autres productions, à la concentration oligopolistique et à la mise en exploitation de ressources jusqu'alors inutilisées. Ce qui a justifié une sorte de toujours plus avec l'innovation incessante baptisée progrès et, aussi, il faut le reconnaître, l'amélioration du niveau de vie et de la santé, surtout pour les Occidentaux avant le décollage de la Chine.

Le deuxième déplacement est géographique : c'est la recherche de ressources à l'extérieur, notamment par la colonisation, l'exploitation souvent forcée des travailleurs indigènes, l'appropriation spoliatrice des terres, l'imposition aux populations des marchandises du centre contre les productions locales (le remplacement des superbes tissus indiens par les cotonnades imprimées de Manchester en est un bon exemple).

Le troisième déplacement réside dans le transfert soi-disant commercial, mais plutôt juridique comme contrat léonin, des nuisances, des déchets, des pollutions industrielles dans les pays non développés contre l'emploi de leur main-d'œuvre à bas coût. Ce sont des échanges inégaux (Arrighi) consistant en transferts de coûts et d'externalités négatives sur le Tiers-Monde périphérique. Car dans le néolibéralisme quasiment tout était permis depuis l'ouverture totale des frontières et la substitution de l'échange inégal à la colonisation.

Ce désastre a été facilité par la faillite de l'écologie politique. Celle de terrain continue de se battre contre l'artificialisation des sols (A69 dans le Tarn ; ligne de TGV Bordeaux-Toulouse), l'appropriation de l'eau dans des bassines pour les membres de la FNSEA, les aéroports (Nantes et sa ZAD). Mais les partis politiques écolos sont en dessous de tout. Un parti écologiste, c'est déjà un non-sens, car tous les partis devraient comporter dans leur projet, voire leur programme électoraliste, un volet écologiste.

Hélas, non et la défense de l'écologie a commencé par la création de partis *ad hoc* (ou haddock vu leur caractère utilitariste). Cela partait d'un bon sentiment et d'une nécessité, car à l'époque, les autres partis se fichaient de l'écologie vu qu'il n'était question que de croissance, de pouvoir d'achat, d'économie du bien-être, de productivité, de technologie, d'énergie abondante et pas chère. On incitait même le Tiers-Monde décolonisé à se développer comme l'Occident. La course entre communisme et libéralisme se jouait sur la performance économique, les staliniens promettant de dépasser l'Occident. Comme l'écologie profonde supposait que les habitudes de vie (culture et consommation) changent, les écolos, n'ayant alors guère de succès dans des populations apeurées par la rareté, se dirent alors que le mieux était de créer des partis écolos. Ce fut une erreur magistrale, quoique compréhensible, car alors était assurée la cassure entre l'écologie et les populations. Les écologistes devinrent des politiciens comme les autres en espérant un jour être assez forts pour imposer leurs vues. En entrant dans le jeu politicien, ils ouvraient la porte aux manœuvres électoralistes et instrumentales des partis classiques et institués de longue date.

C'est ainsi que les écologistes tudesques se mirent surtout à bousiller le nucléaire français (pour rentabiliser leur entrée dans une coalition gouvernementale SPD ou CDU). Le pouvoir teuton alla même jusqu'à instrumentaliser ses *Grünen* pour faire en sorte que l'UE prive notre nucléaire du label énergie propre subventionnable. « En même temps », vive le gaz russe et le lignite qui, comme chacun sait, ne polluent pas. Le mercantilisme et le productivisme ne gênaient pas les écolos allemands ; du reste, il était largement exporté chez les sous-traitants des PECOs. L'Allemagne ainsi polluait moins chez elle, mais pas dans le monde ! C'est beau l'écologie locale-nationale oublieuse des interdépendances mondiales. Belle contribution à la ligne gouvernementale ordo-libérale attachée à détruire les domaines d'avantages compétitifs des autres pays européens. Par exemple, elle facilita la fin annoncée du photovoltaïque dans l'UE pour vendre des grosses bagnoles allemandes à la Chine ! C'est du nationalisme pratique et local caché derrière une théorie universaliste mal verdie.

En France, les « Verts » (je parle des partisans politiques), furent surtout sensibles aux sirènes écolos de la haute bourgeoisie urbaine (leurs rares électeurs) et inventèrent « l'écologie punitive » adoptée pour le pouvoir avide d'avoir une majorité législative (surtout chez les socialos). Par exemple, pour complaire à Mme Duflot, alors écologiste en chef, le trotskiste (ex-OCI) Jospin ferma notre réacteur nucléaire Superphénix (qui brûlait des déchets et recyclait du vieux combustible), comme M. Hollande promit de clore Fessenheim et comme M. Macron a relancé les énormes EPR de 1 600 Mégawatt contre les petites centrales Astrid (par lui supprimées) recyclant du combustible comme Superphénix. On fait des ZFE sans tenir compte des pauvres ; on augmente le prix du gazole itou. Bref, l'écologie politique est essentiellement punitive, ce qui ne facilite pas du tout la prise en charge des problèmes écologiques. Du reste, les pesticides font leur grand retour et les rares mesures écologiques sont supprimées, tant en France que dans l'UE pour s'adapter à la concurrence SLC qui redevient sauvage.

Mais le SLC, dont on sait que c'est un système autocinétique qui se déplace sans cesse au gré des intérêts des classes dirigeantes, des événements et du rapport de force, qui n'a qu'une logique, celle de produire en vue du profit, a conduit à ce qu'il faut bien appeler la financiarisation du monde commun avec le passage à l'hyperlibéralisme. Celle-ci, que nous allons examiner ci-dessous, est l'actuel stade suprême du libéralisme facilité par la dérégulation législative des activités productives et la primauté donnée à la finance.

Étude XIII :

La financiarisation du monde commun

La financiarisation, en forme de casino mondial, est magnifiquement illustrée par l'examen de la dette mondiale. Celle-ci est de 324 billions de dollars, soit 3 fois plus que le PIB global de 103 billions (222 024). La cascade des flux financiers en tout genre est d'environ 7 000 milliards (7 billions) de dollars en 2022, soit 7 % du PIB mondial. La somme des titres financiers dépasse de très loin le PIB mondial (au bas mot, plus de 10 fois). On estime l'ensemble mondial des frais financiers (intérêts, agios, frais bancaires) à entre 3 500 et 6 000 milliards de dollars par an. Rien que le flou de cette estimation laisse à penser que les tenants du néolibéralisme financier n'aiment pas beaucoup qu'on s'interroge sur leurs sources de profits. On estime aussi les frais de transferts de fonds (en gros les frais de change) sur la planète à 50 milliards de dollars par an.

Cette situation est la suite logique du néolibéralisme avec la mise de la finance au poste de commandement d'un SLC hyperlibéral. Ce poste est occupé par le centre (l'Occident sous pilotage US) depuis que les dettes publiques dues au financement du social, sans impôts en plus sur les riches, ont bondi (dans les années 1980-2000). Les USA le dirigent en abusant de leur monnaie, via laquelle le reste du monde les finance en achetant des titres de sa dette publique qui dépasse les 122 % du PIB (37 000 milliards de dollars, 37 billions) ! Les USA vivent à crédit pour couvrir leurs déficits et ce sont tous les autres pays qui maintiennent la valeur du dollar en achetant leurs bons du Trésor (la Chine en a actuellement pour 773 milliards ; c'est le deuxième prêteur aux USA derrière le Japon !). Cela fut préparé sous Reagan quand la FED en 1979, dirigée par Volcker, a drastiquement augmenté le taux d'intérêt des emprunts pour attirer des capitaux du monde entier (une manifestation de l'impérialisme US qui régnait sur la finance mondiale depuis Bretton Woods en 1944). Alors le dollar a perdu toute référence à l'or (1971) et toutes les monnaies se mirent à flotter. Et cela a empiré quand les USA (dérégulation étatique) permirent toutes les excentricités (sur les titres financiers) à la finance US. Cela a créé plusieurs crises financières, dont celle des *subprimes,* mondialisée en 2008. Cela n'a pas été programmé, organisé, planifié, mais ce néolibéralisme financier a fait que le capital a été survalorisé par des anticipations indues sur les revenus futurs des actions et des titres de créance (la fausse *fair value*). C'est le résultat contingent et historique d'une conjonction hasardeuse de facteurs : les inégalités sociales entre acteurs, les effets des relations géopolitiques, notamment des guerres, la logique constante du capital (accumulation et maximisation des profits), la conversion de bien des dirigeants et politiciens au néolibéralisme, la disparition de l'URSS. Il faut y ajouter les changements culturels et des mœurs dans la population, les évolutions techniques, les mutations, plus ou moins perçues, des configurations sociales, le degré de légitimité du centre dirigeant une bonne partie de la planète et l'économie mondiale. On y compte, de surcroît, le changement climatique et l'accès aux ressources, l'état de la démocratie et des corps politiques, etc. Seule une approche systémique, dialectique et transdisciplinaire pourrait essayer de rendre compte du mouvement et des processus de combinaison ayant amené à la situation historique de la prépotence de la finance. Il faut entendre par cela que c'est la logique financière qui domine la sphère de la production et largement les rapports sociaux et mondiaux dans une configuration sociale où les financiers donnent le la, *volens nolens*. Les sociétés sont désormais encastrées dans la finance. En gros, cela signifie que rien n'est investi ou financé sans que la rentabilité financière espérée soit suffisante et au moins égale à la norme en cours issue des comparaisons statistiques. On calcule donc d'abord le retour sur investissement et on fait au minimum un tableau coût/bénéfices.

Cependant, même sans vouloir modéliser ni le monde financiarisé ni le processus y ayant amené, on peut repérer quelques causes ou facteurs ou moments-clefs qui ont eu des effets imprévisibles et imprévus, mais qui ont influencé le cours des choses en univers néolibéral. Nous y voyons : la fin de la parité or du dollar (Nixon, 1971) comme monnaie internationale (le Gold Exchange Standard, GES, des accords de Bretton Woods de 1944). Cela a lancé les monnaies devenues flottantes dans la course à la spéculation et a amené l'essor des « agences de notation » estimant la puissance économique des États, notamment eu égard à la qualité de leur dette publique. Nous insistons sur les envolées du prix du pétrole (1973 et 1979) qui ont conduit à une masse énorme de « pétrodollars » qui ont inondé les marchés de Londres et de New York à la recherche d'investissements rentables. Enfin, l'acte unique de l'UE en 1986, comme prototype de la libre circulation des capitaux (et de tout), a permis de transférer des investissements partout (et de spéculer) en fonction du degré de rentabilité attendue du déplacement. Cette libre circulation des capitaux fut induite par une forte demande des grandes entreprises et des banques afin de compenser la baisse du taux de profit et le phénomène de « la stagflation » (inflation sans croissance à corriger par le monétarisme de Friedman à la place du keynésianisme comme demande publique relançant l'économie). Ce phénomène devait être combattu par le commerce international permettant d'exporter une production excédentaire par suite de la très grande productivité des moyens modernes de production. Baisse du taux de profit, surproduction dans des économies trop fermées et justification théorique se sont combinées conjoncturellement pour pousser à la concurrence mondiale et à la libre circulation des capitaux. Et cela était une réponse possible pour les entrepreneurs et pour les politiciens, car cela redonnait de la croissance pour ces derniers et leur pays et de l'accumulation rentable pour les premiers, ce qui est une recherche constante du capitalisme. La convergence des intérêts, associée à l'individualisme et au consumérisme des populations qui y trouvaient aussi leur compte, a facilité le passage de l'Occident, en tant que centre de l'économie mondialisée, à la toute-puissance de la finance, l'ennemie de M. Hollande.

Il s'en est ensuivi des conséquences hyperlibérales qui ont déjà conduit au krach de la finance mondiale, en 2008 et, pourtant, à la solidification d'un système impersonnel, imprévisible, mais fort et difficile à éradiquer. Car ses tenants, ceux qui en profitent de façon abusive, y tiennent, sont assez nombreux et détiennent la force publique légale. C'est aussi une des raisons pour lesquelles les démocraties ont basculé dans la technocratie, voire pire, la démocrature.

– Causes économiques et financières

Pour profiter d'une main-d'œuvre à la fois mal payée et mal protégée (pas de vrais syndicats, peu de protection sociale, peu de défense environnementale, pas de droit du travail), en vue de doper les profits et de faire baisser les revenus du travail dans le monde occidentalisé, furent utilisées maintes ressources devenant disponibles en cas de dérégulation. Ce sont les délocalisations, les externalisations, les achats à faible coût (genre Wal Mart) de camelote et de produits frelatés, les concentrations ou fusions et OPA (achats d'entreprises via la Bourse afin d'obtenir des « économies d'échelle » par la taille), la titrisation. De surcroît, on eut le rachat par une entreprise de ses propres actions (ce qui augmente le dividende perçu par les actions restantes), le LBO (*leverage buy out*, achat par effet de levier, en empruntant au moins 80 % du capital et en faisant payer l'emprunt par l'entreprise rachetée !). Tout était devenu bon pour augmenter les profits, comme la vente à crédit sous forme de leasing. La spéculation était largement imposée par l'existence d'énormes masses de capitaux flottants (pétrodollars puis bénéfices des multinationales et revenus devenus astronomiques du capital et de leurs riches propriétaires). C'est pourquoi les dettes publiques de la France trouvaient facilement à se placer malgré un taux d'intérêt très bas : l'investissement était considéré comme fiable par les agences de notation. Las, aujourd'hui la France est mal vue : 3 300 milliards de dettes publiques (115 % du PIB), 50 milliards de charge annuelle de la dette, 57 % de dépenses publiques par rapport au PIB, 46 % de prélèvements obligatoires et surtout un déficit budgétaire annuel de 6 %, en moyenne 80 à 100 milliards de déficit de la balance commerciale par an. Ces capitaux, libres d'aller partout, étaient à la recherche permanente, car c'est la logique automatique même du SLC, du meilleur ROI (*Return On*

Investment). Mais la France ne l'offre pas et n'arrive pas à arrêter ses déficits.

On s'est mis à estimer la valeur d'une entreprise en fonction de sa capitalisation boursière, ce qui amenait à tout faire pour élever « la valeur pour l'actionnaire » (en augmentant la valeur de l'action à la Bourse via les dividendes versés et par suite aussi de rachats de ses propres titres par une entreprise cotée). Pour justifier le pouvoir absolu des actionnaires, devenus les propriétaires alors qu'ils n'avaient chacun qu'une part de possession, à savoir le nombre d'actions, les théoriciens inventèrent la théorie de l'agence (le principal constitué par les actionnaires et l'opérateur d'exécution, le PDG, dit l'agent). Pour s'assurer de la loyauté de l'agent, on lui versa des *stock-options* (des titres spéciaux de l'entreprise) en fonction de ses résultats. On a modifié la comptabilité (via l'IASB organisme de droit privé) de façon que des ventes anticipées soient prises en compte, de même que des actifs symboliques (brevets, logos, images de marque, etc.).

Il fallait aussi s'assurer de la soumission des salariés, ce qui fut facile à obtenir via la capitalisation des retraites et des rémunérations variables et individualisées (en fonction du mérite et des bénéfices de l'entreprise) à la place de salaires prévisibles et fixés et via le crédit à la consommation qui s'envola au profit des banques. Naturellement, la concurrence des travailleurs du Tiers-Monde permettait « en même temps » d'abaisser les rémunérations tout en diminuant, afin d'accentuer leur baisse, le coût des approvisionnements par les importations à bas prix. La cohérence hasardeuse de tout cela résulte de la même logique poussée par la concurrence : accumuler marchandises et profits.

Tout devint objet de transactions en Bourse, y compris, par exemple, le blé (Bourse mondiale de Chicago). On ne compte plus les bateaux chargés de céréales (russes ou ukrainiennes ?) qui font des ronds dans l'eau en attendant que le cours boursier du blé augmente. Et on trouva le moyen de se garantir en vendant des titres assurantiels ou d'hypothèques à la Bourse. Ce n'était pas assez, on les « titrisa » pour que les banques puissent se débarrasser des créances et surtout des risques. Et on en fit des millefeuilles si bien mélangés qu'une chatte ne pouvait pas y retrouver ses petits. Bref, la porte à l'accaparement, à la spéculation, à la défausse de ses responsabilités fut grande ouverte via la convergence d'intérêts entre certains politiciens vénaux et prompts au pantouflage et des banquiers et affairistes ou capitaines d'industrie. Faut-il rappeler que les titres financiers se moquent de la prétendue loi de l'offre et de la demande : plus les prix montent plus on en achète ! Itou pour les prix immobiliers, les deux n'intéressant pas la BCE qui vise moins de 2 % d'inflation uniquement pour les prix courants, dont les salaires !

Naturellement, la valeur d'une entreprise dépendait du rendement financier de ses actions, ce qui poussa certains manageurs aux pires délires ou trucages : d'où les faillites frauduleuses et retentissantes d'Enron, Vivendi, dirigée par M. 6 (Jean-Marie Messier Moi-Même Maître du Monde, naturellement énarque), Enron, Worldcom, Parmalat, etc. Pour améliorer le rendement financier, les boîtes se mirent à procéder à « des licenciements boursiers », contre lesquels les gouvernants étaient démunis, comme M. Jospin qui avait « tout essayé contre le chômage ». C'est qu'ils s'étaient convertis au néolibéralisme de la croissance retrouvée, au néolibéralisme de l'UE et de l'OCDE. Rappelons que toutes ces spéculations et aventures financières avaient besoin de lois votées démocratiquement, sur projet des gouvernants étudié par les hauts fonctionnaires, car cela relevait de la souveraineté. Celle-ci finit par disparaître une fois lesdites lois en place, car elles fonctionnent automatiquement en assurant « l'efficience des marchés ».

Dans le monde hyperlibéral, la dette publique est devenue l'objet de grandes attentions, notamment par les « agences de notation ». Déjà le FMI surveillait les dettes, surtout celles des pays du Tiers-Monde ou « en voie de développement ». Elles sont devenues une arme redoutable de financiarisation afin de contraindre les pays endettés sollicitant un prêt du FMI à « des ajustements structurels » imposés. Il s'agit de réformes néolibérales de privatisation et de mise en concurrence : construction de ports, de routes, de voies ferrées pour exporter, spécialisation dans des cultures d'exportation, privatisations, fin des prix administrés, fin du contrôle des changes, plus de droits de douane et donc ouverture des frontières, etc. Tout cela va dans le sens du néolibéralisme au nom du « consensus de Washington ». Les prêts étant à taux variable et en dollars, ce qui permit aux USA de ruiner les pays ayant emprunté au FMI (dette indue du Tiers-Monde) quand Volcker augmenta les taux d'intérêt de la FED, en 1979. Parallèlement, bien des pays firent de la capitalisation le moyen de garantir individuellement la retraite, ce qui apporta à l'investissement spéculatif d'énormes fonds de pension hors répartition. Ils rejoignirent les fonds d'investissement en plein essor grâce à la libre circulation des capitaux.

– Causes techniques de l'accélération de la mondialisation-financiarisation

Plusieurs inventions techniques ont permis le développement du néolibéralisme et ensuite le passage à sa variante hyper. Car il est dans la logique systémique du SLC de s'emparer de toute innovation pour produire et vendre plus, pour être plus compétitif. On ne saurait être exhaustif, mais cependant voyons quelques-unes d'entre elles. L'apparition des *contenairs* (conteneurs), transférables aisément sur des trains (sauf en France où le pouvoir a tout misé sur le TGV !) ou sur des camions a énormément accru la productivité, fait diminuer les coûts de transport et donc augmenter les profits à recycler sur les marchés financiers. Les camions sont devenus bien plus faciles à conduire, ce qui a induit une concurrence échevelée en Europe (notamment avec des chauffeurs routiers des pays de l'Est bien moyens, payés et tenus à des horaires de conduite inhumains). Du coup la logistique a fortement progressé comme fonction à assurer et moyen d'abaisser les coûts et d'augmenter la productivité.

Les NTIC (nouvelles techniques d'information et de communication), Internet, les téléphones portables, les vidéoconférences, etc., ont grandement facilité les contrôles des activités ou la surveillance des salariés, le e-commerce, la profusion de logiciels, les plateformes de mise en relation d'un client avec un service. Il en est de même pour la robotisation. L'intelligence artificielle, qui peut remplacer des opérations humaines par des algorithmes, est en plein essor et s'appuie sur les neurosciences. On ne voit pas les conséquences de tout cela sur la productivité, car, sans doute, les politiciens freinent autant que possible pour sauvegarder l'emploi. Sinon, il est vraisemblable que le chômage grimperait en flèche si toutes ces innovations, par ailleurs assez coûteuses alors que la main-d'œuvre, par exemple asiatique, est à bas prix, étaient appliquées par les acteurs économiques. Hélas, il est probable que cette faible digue politique soit balayée par la logique productiviste du capital, démultipliée par les exigences de rendement financier à court terme. Car, naturellement, les intérêts politiques et économiques ne convergent pas forcément, même sous l'emprise d'une même théorie économique. Ce qui explique en partie que les théories libérales ne donnent pas toujours lieu à des pratiques convergentes et conformes. La pratique du SLC néolibéral que nous analysons dans cet essai montre amplement qu'elle surpasse et contourne la théorie économique.

– Causes culturelles

Il est passé dans la culture, surtout celle des classes sociales dominantes, que l'argent était le nerf de la guerre, que le privé était plus efficace que le public, que, donc, il fallait appliquer aux services publics et aux EPIC (Établissement public à caractère industriel comme EDF qui vient d'être renationalisée à 100 % du capital) les mêmes principes d'efficacité, que tout se calcule quantitativement et monétairement, que chacun ne cherche qu'à faire valoir ses intérêts et à faire grossir ses gains. Pour de multiples raisons, nous sommes donc bien tombés, en tant qu'individus atomisés, dans « les eaux glacées du calcul égoïste ». La valeur d'échange a fait disparaître la valeur d'usage, l'utilité a remplacé le travail comme fondement de la valeur, la gestion comptable privée et la gouvernance publique quantitative ont chassé les valeurs morales et la qualité-durabilité d'antan. Nous n'en dirons pas plus, car nous avons déjà examiné la dimension culturelle des choses.

– Causes institutionnelles, « normatives » et juridiques

On observe que dans le néolibéralisme, les praticiens libéraux (gouvernants, « énarques » et hauts fonctionnaires et dirigeants économiques) ne se sont guère embarrassés du soi-disant État de droit ni de préoccupations sociales comme au temps des « Trente Glorieuses » pour faire sauter ce qui est une prérogative souveraine, les lois nuisibles pour l'expansion du capital et l'augmentation des profits. C'est ce qu'on a appelé la dérégulation, laquelle suppose un gouvernement fort et pouvant utiliser la « violence légitime » de ses forces répressives. Adieu l'État neutre vis-à-vis de toute conception économique. Dans le libéralisme, c'est comme pour le cochon, tout est bon (rappelons la blague : dans les œufs au jambon, la poule est concernée, le porc impliqué), même le trop d'État, ce qui nous éloigne fort de la théorie libérale des origines pour des raisons instrumentales et pratiques. Le passage à la finance, toujours sous contrainte des actions à mener le plus vite possible pour libérer le capital de toute entrave, amena la contestation de la souveraineté et la permission donnée aux banques et aux fonds d'investissement de faire tout ce qu'ils voulaient sur la surface du globe tout entier. C'est pourquoi il y eut à la fois la continuation de la dérégulation pour abattre les protections sociales et les services publics et une re-régulation favorable pour la rentabilité du capital.

Ces belles opérations, contredisant avec la spéculation la loi libérale de l'offre et de la demande, se firent sous le masque de la théorie pourtant violée sans vergogne. Ce fut facilité, je dirais même demandé, par les puissances économiques, et obtenu du pouvoir politique par la mise en place institutionnelle de la « contrainte extérieure ». Pour la France, c'est la construction de l'UE ordo-libérale, l'appartenance à la zone presque centrale de la domination mondiale (OCDE, G7 et G20) et les traités internationaux de commerce normalisés par l'OM et par la dépendance vis-à-vis de l'euro et de la BCE, très normative en matière de cette publique. La contrainte extérieure consista à abandonner à une instance internationale tous les domaines de souveraineté, sauf ceux relevant des variables secondaires d'action et permettant l'adaptation du pays à la concurrence compétitive. Une des conséquences visées par ladite contrainte extérieure était évidemment d'éliminer les protections sociales et syndicales d'un droit du travail considéré par les libéraux comme abusif (trop coûteux, en fait), notamment parce que le code éponyme était trop volumineux. Pas plus que le code du commerce !

On notera aussi que la culture institutionnalisée du néolibéralisme, à la fois individualisante et atomisante et surtout fondée sur la compétition, ne peut que détruire les liens sociaux, tuer la cohésion sociale, faciliter la violence, laquelle redouble quand on ne se sent pas écouté et qu'on ne peut en appeler à la justice et que rien ne change malgré les alternances. Ce qui ne peut que faciliter l'emprise du SLC sur tout le monde et l'universalisation du marché concurrentiel sans limites. En France, c'est aggravé par l'existence exorbitante d'une justice administrative (la filière des tribunaux éponymes) où les énarques-décideurs (par exemple de l'A69 à Castres) se jugent entre eux, qui plus est sans être juristes !

– Causes « informationnelles » ou informatives

Pour faciliter le néolibéralisme de la production *über alles,* il fallait établir des références communes en matière d'information à collecter et de contrôle des opérateurs et des résultats. Il fallait pouvoir mesurer les résultats sur des critères homogènes afin de pouvoir comparer les choses entre pays. Il fallait que tous les pays puissent s'aligner sur les mêmes standards d'information économique (gestionnaire et financière). Cela était en quelque sorte exigé par le centre qui ne peut contrôler et comparer que si les données sont normalisées.

Dans le domaine étatique, au temps du néolibéralisme, on se contenta du grossier PIB, purement quantitatif et monétaire, du *New Public Management* (NPM), d'indicateurs stratégiques (taux d'emploi, de chômage, d'inflation, de croissance, d'endettement, balances commerciales et des paiements, taux de change, etc.). On se mit alors « à la gouvernance par les nombres » au lieu de s'occuper du politique, à savoir les fins et orientations, les valeurs pour une communauté de destin. Dans le domaine privé, la période néolibérale s'accommoda de bilan, de compte d'exploitation, de ROI (retour sur investissement), du calcul basique coûts/bénéfices, du gain en parts de marché. Cela fut diffusé largement par les cabinets de conseil ou de consultance comme KPMG ou McKinsey (les 5 plus gros cabinets sont US et le régime Macron en fait grand usage).

Mais, par suite de la libre circulation des capitaux, les entreprises passèrent à la valeur de marché (le bon vieil amortissement fut abandonné au profit de la valeur de remplacement). On imagina même de compter dans les actifs des entreprises des ventes futures, des effets des brevets, des symboles comme le logo ou la marque. La valeur boursière des GAFAM (Google, Apple, Facebook, Amazon, Microsoft) aujourd'hui ne repose que sur leur réputation et sur l'espérance de profits à plus long terme. On voit des entreprises, dont le capital concret est bien maigre, valoir des dizaines de milliards à la Bourse. On se mit à tout transformer en titre financier vendable en Bourse et spéculatif.

– Causes « langagières »

C'est de la « novlangue » à la Orwell. L'anglais managérial a tout envahi et remplacé les autres langues ; les manageurs jaspinent le *globish*. Cet anglais, très réduit à ses usages utilitaires, s'est immiscé partout, en commençant dans le management. Cette langue tronquée sert surtout à faire prendre des vessies pour des lanternes, à détourner le sens des choses, à cacher les buts visés. Cela dit, l'utilisation actuelle de la langue française subit les mêmes distorsions et mésusages. Un plan de licenciement est nommé « plan de sauvegarde de l'emploi », une femme de ménage technicienne de surface. Cela nous rappelle qu'un des pouvoirs les plus puissants pour tromper les gens réside dans celui de nommer les choses, les qualifier, les distinguer. Par exemple, un opposant, maintenant, est systématiquement appelé terroriste (qu'on peut aisément faire poursuivre par Interpol, via « une fiche rouge » comme tout opposant ou tout contestataire ; par exemple, l'arrestation de Watson sur demande du Japon), un antisioniste (contre la politique des dirigeants d'Israël et non contre les gens ni les personnes) un antisémite, etc. Le fait que l'anglais, dans sa version US, ait subverti bien d'autres langues est un signe peu contestable de ce que les USA sont bien le centre du monde régnant sur ses périphéries et leur imposant son langage, donc partiellement sa façon de percevoir et de comprendre le monde. Certains disaient (Whorf) autrefois que le langage, c'était la pensée. Sans doute pas, mais cela l'influence nécessairement, car la langue oriente la perception. C'est grandement par l'information, ses méthodes de collecte et de traitement, ses indicateurs que s'opère la transmission des buts du privé néolibéral vers la gestion publique qui applique ainsi les mêmes normes de fins attendues qu'une multinationale. Désormais, avec le primat de la finance nous allons nous écraser contre un mur mal-voyant avec un bruit mal-entendant.

Le pouvoir de nommer, de qualifier, de classer est surpuissant, car il détourne le sens des mots (comme dans 1984 d'Orwell) afin de cacher la vérité et de faire croire que tout va bien. Ce pouvoir se transforme en possibilité de comparaisons trompeuses entre pays, en incitations et même en injonction pour les « attardés » du néolibéralisme comme la France. Il impose de rentrer dans le rang, d'être conforme si on veut rester dans le club. Prenons un exemple de cette puissance d'assujettissement à un ordre socio-économique institué (et que les normes d'information veulent rendre indiscutable), à savoir le néolibéralisme UE. Les appellations et critères standardisés du chômage et de l'emploi sont construits pour leurrer. On y compte un emploi à temps partiel comme un temps plein, un emploi précaire comme un stable, un sous-payé comme un normal. La moindre honnêteté intellectuelle exigerait que l'on discrimine entre les natures d'emploi avant de se glorifier d'avoir un superbe taux d'emploi pour les séniors ou les jeunes ou que l'on déplore de n'être pas dans la norme. Or, la nature de l'emploi est exclue des *staatistiques* (*staat*, mis à dessein, signifie État) européennes néolibérales et c'est sûrement fait exprès. Il en va de même pour les statistiques du chômage où, tenez-vous bien, il suffit d'avoir travaillé une heure dans la semaine précédant l'enquête (norme OCDE) pour ne pas être compté comme chômeur ! Tout cela est visiblement établi pour camoufler la réalité de la situation. Songez que si vous partagez un emploi à temps plein de 36 heures par semaine en 4 emplois de 9 heures, votre pays fait un bond formidable dans les *staatistiques* de l'emploi et de la baisse du chômage ! Dans le même ordre de manœuvres du néolibéralisme pour mettre les difficultés sous le tapis, nous trouvons l'absence de distinction entre les prélèvements obligatoires légaux (comme les cotisations sociales en France) et ceux qui sont imposés par la nécessité (recours à des assurances privées, mais que les pauvres ne peuvent pas se payer, faute de solvabilité comme aux USA dont le taux de PO est si magnifique aux yeux des partisans du SLC). Cela ne veut pas dire qu'il ne faut pas de normes ; mais il faut savoir qui les a faites, comment, pour quoi, pour qui, dans quelle logique idéologique ?

En conclusion de cette deuxième partie, nous soulignons plusieurs aspects afin de lever toute ambiguïté. Il n'y a pas de complot ayant mené à la configuration actuelle du SLC néolibéral maintenant étendu à l'hyperlibéralisme financier. Le cheminement a été aléatoire en fonction des opportunités pratiques qui se présentaient. Ce furent : les alliances possibles, les inventions à exploiter, les influences exogènes, la nécessité logique de relever le taux de profit. Ce à quoi il faut ajouter : la souplesse d'adaptation de la théorie-idéologie aux circonstances, la réactivité commerciale aux demandes, les changements dans les rapports sociaux internes et externes, le degré de réactivité ou de passivité des acteurs, les évolutions politiques... On eut en outre des mutations, des émergences, des bifurcations imprévisibles, etc. On observe cependant que ce sont le plus souvent les actions concrètes des acteurs les plus puissants, à commencer par les entreprises et les banques, qui sont à l'origine des changements des formes du libéralisme. Mais le mouvement a été lancé par le libéralisme des origines qui a justifié et donné aux entrepreneurs de capital les libertés nécessaires à leurs actions. Le rôle des penseurs et idéologues est important, mais il cède le plus souvent le pas aux praticiens et aux acteurs qui réagissent aux situations en fonction de leurs buts et intérêts et des occasions opportunes à saisir. Dans ce cadre général de contingence de l'action sociale, il ne faut pas sous-estimer les motivations passionnelles, psycho-sociologiques, irrationnelles des conduites humaines. Peut-être, certains ont trop insisté sur les conséquences de ce facteur humain et social. Mais ce n'est pas une bonne raison pour éliminer les notions de reconnaissance, d'identité, d'attachement, d'appartenance communautaire qui, cependant, sont trop instrumentalisées et essentialisées à des fins politiques et idéologiques faisant la part belle au racisme, au nationalisme, au populisme négatif. Le but est alors de s'en prendre à l'universalisme libéral des Lumières. Ce qui facilite le passage à l'universalisme du marché !

La configuration socio-économico-politique du SLC est singulière et n'a pas été le résultat d'un déterminisme, mais la combinaison pratique et changeante de la logique accumulatrice et orientée vers le profit du capitalisme et des circonstances plus ou moins bien saisies par les acteurs. C'est elle que nous avons décrite. Si une autre configuration était advenue, la hiérarchie des variables ne serait pas la même. Si l'écologie devenait l'impératif majeur, alors ce serait la dimension essentielle des choses. De même la justice sociale n'a été vraiment recherchée que lors des Trente Glorieuses tout en respectant la liberté politique et les droits subjectifs qui sont le facteur principal de la cohésion sociale. Le problème, c'est que la configuration SLC-Néolibéralisme est fort solide puisque, comme on l'a vu, toutes ses dimensions sont imbriquées dans un « bloc historique », qui plus est maintenant appuyé sur une police difficile à combattre. Mais le système-monde dirigé par les USA n'est pas à l'abri de mutations brutales enclenchées par l'urgence climatique, la montée du Grand Sud, les menées des dictatures, la puissance et la géopolitique de la Chine, l'isolationnisme et le protectionnisme US et la renaissance éventuelle de l'Europe comme puissance et comme économie magistrale. Il y a de l'espoir, mais ce n'est pas gagné et cela ne dépend pas que de l'Europe. Tout dépendra des pratiques bien plus que des théories économiques ou politiques.

Conclusion :

comment en est-on arrivé là ?

Le SLC est la configuration totalisante et systémique qui aujourd'hui rassemble et englobe le monde occidentalisé sous la houlette du centre qui le pilote, à savoir les USA, et son fidèle compère, l'UE. Le néolibéralisme est l'idéologie dont il se réclame. Et leur genèse-jonction, que nous allons retracer ici pour l'UE et la France (nous verrons à la fin de cette conclusion comment en défendre notre pays), est problématique. Car cela dépend des actions-réactions des acteurs sociaux dans les structures sociales fondées sur l'inégalité, la division du travail et la hiérarchie. Ce sont aussi les multiples médiations, oppositions ou convergences issues des conflits entre puissances inégales et aux fins disparates qui dressent les itinéraires des démarches possibles pour l'action pratique du capital et de ses acteurs. C'est la résultante des actions qui s'est établie en tant que système total capitaliste qui n'a pas amené la paix, mais la guerre commerciale de tous contre tous, en attendant de vraies guerres civiles et internationales. Cela a déjà commencé au nom de recherche d'hégémonies locales (Russie dans l'Est, Turquie dans le monde sunnite, Iran pour la domination du Moyen-Orient), voire mondiales (Chine).

Ce résultat, qui est en train de vaciller, suppose que de nombreuses batailles ont été menées avant que la configuration unissant la théorie néolibérale à la pratique capitaliste dans des cadres sociaux évolutifs ne s'installe comme bloc historique, fait social total, système-monde. Nous verrons les plus importantes, les principales ou les plus stratégiques. Encore qu'il n'y ait pas eu de plan stratégique, mais des logiques imposées et des volontés sans doute farouches qui finirent par se réunir et converger dans des intérêts communs.

Ces batailles se déroulent suivant un schéma que nous proposons ici : des acteurs sociaux importants dans le concert social poursuivent sans relâche un but essentiel, ils rencontrent des événements, des évolutions, des occasions à saisir et aussi des obstacles et des opposants qui suscitent leurs réactions sous forme de politiques d'adaptation aux circonstances. Et cela provoque des conséquences voulues, mais aussi des effets pervers non prévus, souvent indésirables pour d'autres acteurs et même pour eux, car ils peuvent créer des résistances et modifier l'état des forces en présence. Passons aux batailles pratiques qui sont à la base de la genèse du SLC néolibéral en nous concentrant sur les évolutions de l'Europe.

1) La bataille économique et financière

Il faut se placer après les Lumières qui, en créant des libertés nouvelles, car opposables aux dépendances des anciens régimes monarchiques, ont fait apparaître un groupe social, une « classe » qui s'est consacrée à l'accumulation de capital et au profit. Cette classe, qui possède les moyens de production assis sur la propriété comme droit absolu, poursuit un but permanent : faire croître ses affaires et la production pour faire du profit. Il lui est impératif de maintenir et d'augmenter son taux de profit. Cela est dans la logique installée par le libéralisme. Notons que ce premier thème fixe au passage les évolutions historiques les plus importantes pour tous les combats. Le SLC ne s'est pas mis en place tout seul, ni en Europe, notre objet ici, ni ailleurs ; il a une histoire dont nous allons schématiser le déroulé et le pourquoi des changements du libéralisme dans une approche qui n'est pas une redite, mais un autre éclairage sur son expansion et son caractère totalisant. Et n'oublions pas que, par suite de leur victoire, en 1945, les USA remodelèrent les relations internationales en s'imposant comme centre de l'économie-monde. Les BRICS contestent maintenant le SLC occidental tout en y étant embarqués (*embedded*). Par exemple, la Chine dépend de la division internationale du commerce, celle-là même qui a permis son développement tout en restant communiste et en se promettant de devenir le premier pays au monde. Les BRICS, qui sans doute n'aiment pas le modèle néolibéral US, s'y sont trouvés impliqués à leur corps défendant. Pour l'Europe, ce fut un choix.

L'histoire a continué avec des événements cruciaux. Deux guerres mondiales, enfantées par un libéralisme non régulé, ont ressuscité la création de la question sociale en établissant des États-providence qui ont nui au taux de profit à cause de nouvelles charges sociales et du développement des services publics. Le temps de ce capitalisme plus équilibré fut bref (30 ans, 1945-1975). Déjà, des penseurs réfléchissaient à une refondation du libéralisme avec, notamment, l'ordolibéralisme allemand (fondé sur le droit) et le néolibéralisme d'Hayek (fondé sur la liberté d'action des entreprises exonérées de règles). L'idéologie néolibérale ne fut pas écoutée par les dirigeants politiques, mais la donne changea avec plusieurs évolutions ou événements. Cette donne imposa de nouvelles pratiques libérales, souvent peu conformes à la théorie économique *mainstream*. Il y eut les deux hausses du prix du pétrole (création d'un énorme flux de capitaux à placer) et la « stagflation » (chômage et inflation « en même temps » non pris en compte par les keynésiens), les monnaies devinrent flottantes avec la fin du Gold Exchange Standard (GES, ce qui amena une course aggravée à la compétitivité). La technique (conteneurs, logistique, entrepôts, Internet, robotisation, avions, etc.) était devenue si productive qu'il fallait exporter, sinon on entrerait dans des rendements décroissants. Il est amusant de constater que la doctrine économique (classique et néoclassique) était fondée sur eux. Mais les dirigeants économiques s'en fichaient, car leur but était toujours de maximiser leur profit. Cela nous amena cependant de nouvelles thèses économiques (monétarisme, anticipation rationnelle, *public choice*, capital humain, salaires d'excellence) plus adaptées aux besoins des économies capitalistes. L'événement qui déclencha des politiques néolibérales fut l'élection en Occident de nouveaux dirigeants favorables aux nouvelles thèses néolibérales (Thatcher et Reagan, vite suivis par les sociaux-démocrates en Europe) censées appuyer le retour à la croissance, à l'emploi et au profit.

Il fut donc réagi à la nouvelle situation du capital international par des politiques néolibérales concrètes. On y trouve : primat de la concurrence, ouverture des frontières, libre circulation des capitaux (et banques universelles de dépôts et d'investissements), des marchandises, des services et des travailleurs. On y ajoute : privatisation des fonctions publiques, diminution des préoccupations sociales et des services publics, abaissement des protections des salariés (retraites et droit syndical), abaissement des charges, notamment sociales, pour doper la compétitivité dans la concurrence mondiale et faire face à la contrainte extérieure. Tous les pays furent mis dans le bain du SLC, via la nécessité de réduire leurs dettes (ajustements structurels aux normes du consensus de Washington). Ces mesures néolibérales furent ensuite dépassées par des politiques financières hyperlibérales. On y repère : reconnaissance de la valeur pour l'actionnaire, rémunérations variables en fonction des mérites individuels et des résultats des entreprises, notamment avec les stock-options, retraites par capitalisation (ce qui procure d'énormes fonds à investir et détourne les revenus des salariés) au lieu de répartition. S'y combinent : salaires variables et individualisés, développement des assurances personnelles (par exemple en matière de santé) contre les mutuelles ou publiques, création de fonds internationaux d'investissement, développement de Bourses mondiales y compris sur les produits agricoles. Et encore : titrisation, effet de levier et crédit à gogo, spéculation sur les monnaies, les dettes et l'immobilier, apparition de cryptomonnaies spéculatives (le Bitcoin, nouvelle pyramide de Ponzi). Ainsi put se former le règne par lequel la finance impose un rendement à atteindre obligatoire pour la production. C'est l'économie-casino avec pour seul objectif les plus-values spéculatives. Cette financiarisation est assise sur les énormes masses de capitaux flottants et cherchant le meilleur rendement issu des politiques néolibérales précédentes. On doit noter que toutes ces dimensions, apparemment indépendantes les unes des autres, foisonnent pour former le SLC pratique légitimé par le néolibéralisme anglo-saxon ou l'ordolibéralisme allemand.

Les conséquences du néolibéralisme mis en actes dans le SLC mondialisé furent remarquables. Les profits, les masses d'argent à placer, devinrent astronomiques, ce qui permit à beaucoup d'États (dont la France et les USA) d'emprunter sur les marchés internationaux à faible taux d'intérêt et donc de vivre à crédit pour financer leurs déficits et leurs dépenses de fonctionnement, dont les dépenses sociales. Cet endettement *revolving* ne peut durer éternellement avec les mêmes règles du jeu SLC. Quand on joue dans un système, la prudence conseille de ne pas en détourner les règles comme le firent tous les gouvernants français après Pompidou. Avec ce trop d'argent, on obtint donc comme effet pervers des dettes publiques qui devinrent ingérables et eurent pour conséquence l'austérité qui n'est pas qu'une manie allemande. Ainsi, la France prit du retard dans son adaptation à la compétitivité en jouant deux cartes à la fois : la contrainte extérieure et ne pas aller trop vite ni trop brutalement pour abaisser ses charges sociales. Elle resta dans le SLC, sans en respecter les principes, au lieu d'inventer un autre système plus approprié à sa culture.

Néanmoins, au plan mondial, on observa une montée en puissance de pays comme la Chine qui se dota d'une importante classe moyenne et devint l'atelier du monde. Mais n'oublions pas que c'est parce que les Occidentaux y délocalisèrent leur industrie (notamment polluante) pour faire baisser les prix, écouler leur production pléthorique et doper leurs profits. En revanche, en Europe, on eut pauvreté, précarité, sous-emploi, abaissement des classes moyennes et de la promotion sociale, sous-investissement, dégradation de services publics. Cela sépara la population de ses élites politiques, médiatiques, administratives en créant à la fois crise sociale et crise politique (voir l'état de la France et maintenant de l'Allemagne et d'une UE profondément clivée).

La finance prit une importance démesurée, conséquence peu prévue, mais logique puisque cela permet de maintenir la perte de rendement financier dans la production avec des plus-values spéculatives. Avant, la concurrence avait amené la concentration et la victoire des plus puissants ou performants ou plus adaptés au SLC. C'est le cas de l'Allemagne qui, avec les lois Hartz, en 2004, prit des mesures compétitives, mais anti-coopératives contre les autres pays de l'UE. On eut aussi des externalisations de productions dans des pays à bas prix comme les PECOs dans l'UE élargie dès 2004 sur pression de l'Allemagne (Pays d'Europe centrale et orientale). Cela conduisit à une désindustrialisation de bien des pays d'Europe au profit surtout de l'Allemagne, donc, à du chômage et à des spécialisations moins rentables comme le tourisme où les gains de productivité sont bien plus faibles. Ces pays, en déficit de la balance commerciale et du budget, furent ensuite pris dans la spirale des dettes publiques comme la Grèce en 2010. Rappelons que tout déficit entraîne un mouvement de fonds de sens contraire et de même montant pour compenser le trou, sauf pour les USA dont tout le monde, y compris la Chine communiste, protège le dollar en achetant des bons du Trésor US à la FED. Ce qui du reste serait une cause d'inflation si la compétition sur les prix n'était pas si sévère.

Une autre conséquence dramatique a été la destruction du climat, de la planète, de la biodiversité par une production massive et souvent nocive alors que les problèmes écologiques et de santé publique étaient connus depuis longtemps. Mais c'est la logique du scorpion qui a joué : il pique quoiqu'il en coûte aux autres et, *in fine*, à lui aussi. Cela est aisé puisque les nuisances ne sont pas comptées dans le PIB et qu'elles font partie des habitudes capitalistes auxquelles les profiteurs du système tiennent quoi qu'il en coûte.

La position du SLC est maintenant triplement menacée : ressentiment des peuples contre les dirigeants (d'où la victoire de Trump chez « les Blancos » comme disait Valls), raréfaction et renchérissement des ressources via la crise climatique, puis disparition de la démocratie au profit de prétendus experts et de gouvernants forts, adoubés par les gros capitalistes plus ou moins libertariens comme Musk, pour faire perdurer le SLC, ses banquiers et ses combustibles fossiles. Ce qui ne manquera pas de déclencher des guerres tant extérieures que civiles. C'est déjà en cours par suite de la raréfaction et du renchérissement des ressources entraînés par le réchauffement climatique.

2) La bataille culturelle et idéologique

La logique implacable du capitalisme est d'accumuler de la production pour faire du profit. Hélas, la valeur de la production n'est que « puissancielle » (Proudhon) tant qu'elle n'est pas vendue. Il s'ensuit un impératif indépassable pour le SLC : il faut vendre au maximum. Hélas, les gens et les individus avaient de mauvaises habitudes : un sou est un sou, il vaut mieux réparer, échanger (troc), coopérer, s'entraider, acheter du durable, etc., plutôt que d'acheter sans cesse du neuf et de l'éphémère. Il y avait même des rigolos, dits les merveilleux (XIXe siècle), qui ne travaillaient que quand ils avaient besoin d'argent. Car, en outre, la demande devait être solvable, ce qui déboucha sur « le travailler plus pour gagner plus » de qui vous savez et, donc, sur une sorte de sacralisation factice du travail chez les libéraux bien après les socialistes.

Bien entendu certains capitalistes plus avisés que d'autres (voir *Au bonheur des dames* de Zola) menèrent des actions, vite imitées, et encouragées par les politiciens, pour vendre plus. Mais le fond du problème était culturel, car il fallait atomiser la demande de façon qu'elle devienne individuelle, la rendre plus solvable grâce au crédit, en finir avec les traditions d'économie qualifiées d'avarice, supprimer la dépense collective et toute solidarité. On y parvint par essais et erreurs et surtout par un ensemble d'expériences et d'initiatives qui finirent par faire tache d'huile. Il est vrai que les pouvoirs publics étaient eux aussi attachés à la croissance de la consommation (qui, du reste, figure dans le PIB alors que c'est un non-sens). Les expérimentations convergèrent, car elles étaient compatibles et pratiquées en vue du même but : vendre. Mais changer de culture implique que les principes d'un nouvel art de vivre et d'entrer en relation avec les autres soient intériorisés par la population. C'est la bataille culturelle et idéologique, menée en ordre dispersé et au coup par coup, par des innovateurs ou pour des motifs publics, qui fut gagnée.

Comme motifs publics, on trouve les libertés individuelles développées suivant les principes des Lumières au nom de l'autonomie du citoyen. Il y a aussi l'héritage de la lecture facilitée par l'invention de Gutenberg et les controverses philosophiques ou scientifiques, par les premiers journaux, « les cafés littéraires » et « les salons », les grands restaurants, les clubs. Les Lumières développèrent aussi l'éducation et diffusèrent les connaissances (voir l'*Encyclopédie* de Diderot et d'Alembert). Mais le capital eut rapidement besoin de travailleurs formés, ce qui influença Jules Ferry, mais aussi la massification de l'Éducation nationale pour les besoins de l'économie néolibérale (d'où « le collège unique », loi Haby de 1975), la généralisation du baccalauréat, l'ouverture des universités. Puis la standardisation européenne avec « l'économie de la connaissance », qui accentua l'instruction, mais en la rendant instrumentale. La libre circulation des capitaux a facilité les emprunts immobiliers et le crédit à la consommation. Le crédit devient, avec la publicité, le grand moteur de la consommation en ayant l'avantage de calmer les ardeurs contestatrices.

Quelles furent les actions les plus significatives, souvent pour propulser les ventes, mais véhiculant aussi une autre façon de vivre ?

Les grands ensembles locatifs, isolés du centre-ville, les supermarchés excentrés, la spéculation immobilière dans les vieux centres urbains, le développement des banlieues, la disparition des bistrots et des commerces intra-muros, les multiplex de cinéma facilitèrent le passage à l'individualisation des conduites et la disparition des traditionnels lieux de vie, de rencontre, de relation sociale.

Le crédit dopa la consommation et apprit aux gens le calcul d'un budget et la prévision ; la consommation individualisée prit dès lors le dessus.

La télévision devint assez rapidement un produit abordable, comme l'électroménager, reçut le renfort de la couleur, des chaînes payantes, puis de la TNT (cela dit au passage, l'État vend très cher en France des fréquences qui, en réalité, ne lui appartiennent pas, ce qui est payé *in fine* par les téléspectateurs). Les magnétoscopes, les enregistreurs-lecteurs numériques, les CD puis les DVD permirent aussi de se distraire chez soi et à son goût sans participation collective. Tout cela facilita encore plus les conduites personnelles et la diversification des désirs. Cela aida aussi beaucoup au développement des attitudes consuméristes, hédonistes et matérialistes, ce qui modifia les rapports à l'argent, au temps, aux autres. Il n'est pas besoin d'un projet machiavélique de changement ; il y eut simplement convergence entre les buts des industriels et commerçants, ceux des consommateurs et les innovations techniques.

La publicité complétait le tableau en usant de tous les supports à disposition pour faire vendre : journaux, prospectus, panneaux publicitaires et néons, télévision, spectacles, téléphone, puis maintenant le Web, les réseaux sociaux et les « influenceurs » (qui en vivent), les portables. La publicité joue sur la jalousie, le sexe, les pulsions, même peu avouables, la recherche de « distinction » qui de plus est propulsée par « les influenceurs », l'ostentation compétitive, la mode, les *« people »* jeunes, beaux, riches, modernes, « branchés ». Des industriels s'achetèrent des journaux, des télés, des médias, soit pour influencer la politique, soit pour tirer bénéfice de la publicité et propager l'abrutissante téléréalité.

La télé mit le paquet sur les spectacles militaires ou policiers, « gore », sexy, brutaux (vive les Vikings), etc. Il s'agit de faire diversion et de faire oublier les sujets qui fâchent : la pauvreté, les inégalités, les conflits sociaux, l'exploitation et la domination SLC, tout en faisant la promotion d'un art de vivre cohérent avec les besoins de vendre tout produit, toute innovation. Du reste, maintenant tout se vend, même des mères porteuses et des organes. Las, il y eut des effets pervers. Certains se lassèrent de cette société du spectacle et de la consommation, devinrent hippies, voire drogués, firent retour à la campagne, se réfugièrent dans la religion. Ce n'était guère bon pour le commerce. Pis, voir les autres tant consommer alors qu'on était privé des moyens de solvabilité nécessaires créa du ressentiment, de la violence (comment une société aussi concurrentielle ne serait-elle pas porteuse de violence ?), des trafics permettant de gagner bien plus que d'être dans les jobs des premiers de corvée. En sens inverse, représenter la misère dans d'autres pays, c'est pour faire croire aux populations d'ici qu'elles n'ont pas à se plaindre. La honte disparut, comme la dignité, l'honneur, le respect, car ce qui comptait, c'était d'afficher son bonheur et son avoir plutôt que ses qualités d'être. Ce que ce SLC néolibéral a cassé, c'est le lien et la cohésion dans la société, la solidarité, l'entraide, la coopération l'altruisme, la spiritualité.

Cela a aussi transféré les vocations (chercheurs, enseignants, ingénieurs) vers les positions plus juteuses du commerce, de la publicité, de la finance, du *trading*. Cela a tué le travail bien fait, les soins apportés aux autres (bien que le « *care* », mais souvent payant, soit le nouveau mantra des libéraux), la qualité au profit du tout, tout de suite sans frustration. Tout est permis, à commencer par la spéculation, l'enrichissement sans cause, l'usurpation du mérite, la transformation de l'autre en obstacle ou en marchepied. Les élèves des écoles de commerce éliminèrent les ingénieurs. Et on s'étonne, notamment les politiciens, de la disparition du respect de l'autorité !

Il y eut d'autres actions favorables au changement de conception du monde, une vraie intervention idéologique pour disqualifier l'État et le secteur public, pour diffuser la bonne parole néolibérale, pour influencer les décideurs présents ou futurs. Des clubs, des réservoirs de pensée (les *Think Tanks*), des fondations subventionnant la bonne direction à prendre (par exemple dans les universités américaines ou les CHU français), les recherches utiles à effectuer, furent créés et répandaient le bon message néolibéral. Les USA offrirent des voyages d'études ou des bourses chez eux aux étudiants les plus prometteurs et capables de dire leur admiration pour la culture américaine en revenant chez eux. Peu à peu, les universités et les « séminaires de l'aristocratie » (Ena, Sciences Po, HEC, X) virent le contenu de leurs enseignements virer vers le néolibéralisme de façon que les hauts fonctionnaires puissent communiquer avec les dirigeants des maisons privées. Pour faciliter la chose, le pouvoir étendit le droit de pantoufler à l'application en France des « portes tournantes » (allers et retours entre administration, politique et privé). Le partenariat privé public (PPP) fut mis en place, car, soi-disant, le privé gère mieux que le public. On garda cependant l'abominable concession de service public au privé. Ainsi, le modèle économique et gestionnaire du privé remplaça la vieille administration française du secteur public. Le NPM (RGPP en France) supplanta les cadres habituels de pensée de l'administration.

Ce qui n'a pas été prévu, c'est que comme le politique et l'administration étaient captés par le privé, les dirigeants politiques seraient jugés responsables de la dégringolade française. Le pouvoir devint illégitime, la coupure radicale pouvoir/société civile fut consommée et le pays se retrouva ingouvernable en 2024 quand Macron usa de la dissolution sans avoir préparé la suite. Ce qui rend possible le passage du pays à la démocrature, ce régime que le SLC n'aime pourtant guère, car il est antidémocratique, car il tend à l'autarcie et révèle le vrai dirigeant du pays, à savoir le capital. C'est encore un effet pervers non envisagé.

3) La bataille juridico-politique

Le développement du SLC et du néolibéralisme n'a été ni linéaire ni programmé. Pour s'installer, il a bénéficié de lois favorables au plan national et d'institutions juridiques au plan international. L'évolution de l'UE est éclairante pour expliquer ce qui s'est passé d'un point de vue institutionnel et juridique. De façon générale, on a assisté à un double mouvement. Le SLC a été favorisé par une dérégulation, une déconstruction néolibérale des États et des lois sociales afin de faire face à la stagflation et aux énormes progrès de productivité dus aux techniques modernes. Ensuite, profitant de règles mises en place qui créaient des brèches immenses où le capital financier pouvait s'engouffrer (par exemple, rien n'interdisait la spéculation aux banques universelles ou la titrisation), des lois dérégulatrices, imposées par des gouvernements forts, mais formellement démocratiques, permirent tout à la finance mondiale.

Avant toute chose, il faut rappeler que ces évolutions purent se faire parce que dès 1945 existèrent des institutions mondiales (ONU avec le droit de veto de cinq pays au « Conseil de Sécurité » : USA, Chine, GB, URSS, France), des Institutions financières internationales comme le FMI, la Banque mondiale, la Banque pour le développement, la BRI, une monnaie internationale (le dollar convertible en or et servant de référence à toutes les autres devises), un centre de pilotage, les USA imposant ses lois et normes aux périphéries non soviétisées. Le « monde libre » était en fait soumis à la Pax Americana. Cet ordre n'était pas une paisible rivière par suite de la rivalité de deux modèles sociopolitiques (libéralisme contre communisme) et des problèmes énergétiques (pétrole et gaz situés hors Occident) qui perturbaient la paix internationale. Les guerres de décolonisation ou anticommunistes, les coups d'État parfois fomentés par la CIA, les prix du pétrole, l'état des forces en présence, les différences de modèles sociaux menacèrent souvent la prééminence des USA.

En 1945, une bonne partie du monde occidental était en ruine et beaucoup de pays colonisés, mais embarqués ou impliqués dans la Deuxième Guerre mondiale, voulurent acquérir leur indépendance pendant que l'URSS s'emparait de ses voisins de l'Est européen. Ce qui était en cause, c'est la souveraineté comme puissance de la société, en tant que communauté de destin, sur elle-même. C'était donc le degré d'indépendance réelle dans le concert des nations.

Le néolibéralisme tend toujours à nuire à la souveraineté qui s'oppose à l'universalisme du marché. Certes, bien des pays décolonisés pouvaient exciper de leur souveraineté, mais celle-ci se révélait souvent plus nominale que réelle, car ils étaient asservis par la dette ou par des structures comme la « France-Afrique » de Foccart, du général et du franc CFA. L'UE fut construite, du reste, sur le laminage progressif de la souveraineté de ses membres. Cette dernière aujourd'hui est réduite aux libertés nécessaires (les variables secondaires d'action) pour s'adapter à la concurrence et à la compétitivité (fiscalité, social, règles syndicales et environnementales, droit du travail).

Une bonne façon néolibérale d'imposer le SLC réside dans les traités internationaux de commerce bâtis sur le modèle normalisé par l'OMC avec tribunal arbitral d'obédience privée. C'est comme cela qu'on parvient juridiquement à mettre en place l'échange inégal tout en développant la dette publique qui justifiera ensuite un ajustement structurel sur le modèle du consensus de Washington.

Un autre aspect de l'importance du juridique pour la mise en place du SLC néolibéral se trouve dans la séparation entre le droit des libertés subjectives, des droits individuels de l'homme, et le droit économique qui, de plus en plus, fait l'impasse sur les droits sociaux des humains et des groupements collectifs. Cette coupure apparente n'est pas innocente. La responsabilité sociale y est totalement remplacée par la responsabilité individuelle et atomisée. L'assistance, même collective, est vilipendée dans le temps même où la charité privée remplace la Justice que voulait Hugo. Car il s'agit d'une subtile dialectique de combinaison : pour construire le SLC par le droit économique, il est utile de faire oublier la solidarité et la justice, surtout pour leurs conséquences sociales, en accordant quasiment à l'infini des droits identitaires et personnels qui divisent le corps social et font se concentrer les gens et les communautés sur leurs seuls petits problèmes. Droit économique pro-SLC et d'obédience néolibérale d'un côté, droits de l'homme de l'autre, progressent ensemble, car ils sont complémentaires au sein du système capitaliste libéral. L'idée sous-jacente et fausse, c'est d'unifier la planète par un même droit économique, alors que la concurrence ne peut que diviser. C'est là qu'on surprend un des grands mensonges de la construction européenne : la voie économique apportera la paix et l'union. On sait le résultat maintenant : l'UE n'est qu'une confédération (instance juridique d'États unis par un but commun, à savoir en l'occurrence, le libre-échange concurrentiel) de nationalismes en compétition, sinon en guerre économique, car leurs intérêts ne convergent pas.

Cela, c'est le schéma général, mais c'est pourquoi il est fort intéressant de se pencher sur le comment l'Europe s'est construite suivant un schéma juridique et économique singulier. Nous verrons des choses déjà examinées, mais sous l'angle non répétitif du déroulement de la suppression des souverainetés des pays européens au profit de Bruxelles.

L'UE n'est qu'une cohue de pays défendant leurs intérêts de façon nationaliste. Par exemple, pour cette raison, le projet de Bruxelles de taxer les voitures chinoises passera fort difficilement au Conseil européen, aréopage de gouvernants de pays nationalistes en concurrence. En effet, la Suède défendra Volvo, firme chinoise qui devrait être assortie de la mention *« made in China »*, la Hongrie ne voudra pas ennuyer la Chine qui lui a promis de gros investissements, l'Allemagne tient à y exporter ses belles autos, ses machines-outils et sa chimie, etc. Car, malgré des apparences fédéralistes, l'UE reste dirigée par un organe (au sens de Soljenitsyne) d'obédience juridique confédérale, à savoir ledit Conseil européen des chefs d'État et de gouvernement.

On a prétendu, dans les hautes sphères politiques, obtenir un but commun par une logique d'opposition, de compétition. Dans ce cadre, seul un organe de coordination confédéral fondé sur des nations demeurées souveraines pouvait marcher, car ses membres étaient idéologiquement et politiquement d'accord sur la fin réelle visée. Celle-ci est d'assurer le triomphe d'un capitalisme dérégulé, des élites, des puissants et des riches sur les populations qu'ils pouvaient tromper si facilement. Il en résultait que chaque gouvernement se concentrait sur ses propres intérêts à défendre à l'intérieur d'un but commun qui divisait les pays. Nos excellences faisaient semblant d'ignorer qu'il existe des buts communs qui opposent. Un but commun ne réunit pas forcément, car tout dépend du caractère intrinsèque du but. À chacun son pré carré dans l'UE : le paradis fiscal (Luxembourg, Irlande, Pays-Bas, Malte, Chypre), la bonne industrie de qualité (Allemagne), le tourisme et l'immobilier (Espagne, Grèce), la sous-traitance pour les Allemands (Pologne, PECOs), le luxe, l'agriculture et la comédie française, les 100 000 poulets aux hormones et les œufs au fipronil (Pays-Bas), etc. Ce qui signifie que, au lieu d'une convergence (promise, par exemple, pour la mise en place de l'euro pourtant dans une zone hétérogène), les divergences ont été accrues en faveur de ces spécialisations par pays (qui « en même temps » divisent et rendent interdépendants), au grand profit de la puissance allemande bénéficiant en outre d'un euro commun moins fort que l'aurait été le mark. Car l'hétérogénéité mise en concurrence favorise automatiquement le plus púissant. C'est aussi pour cela que l'UE a créé l'euro.

Comment en est-on arrivé à construire un étau confédéral, camouflé en pseudo-fédéralisme ? C'est l'histoire des abandons successifs de souveraineté, notamment de la France, au bénéfice des Allemands. Il a été construit un étau implacable muni peu à peu de deux mâchoires surpuissantes pour conduire à une logique d'action totalement coercitive, unidimensionnelle et automatique (ce qui est fort bien, car alors les dirigeants n'ont qu'à laisser faire et sont irresponsables). Cette logique, qui plus est mécanique, contraignait tous les pays à être « ordo-libéraux ». Au passage, force est de constater que le prétendu libéralisme n'est qu'un totalitarisme *soft* puisqu'il est totalisant et imposé. En effet, le SLC auquel l'UE est parvenue, n'est pas « encastré » dans la société, dépendant du politique, mais se situe en surplomb, la domine, lui impose sa loi du moins-disant dans tous les domaines, capte le politique et régente tous les acteurs sociaux contraints à mettre en œuvre une seule logique. C'est celle du profit maximum sous l'emprise de la thermodynamique (deuxième principe de Carnot) : il faut une source froide, la différence des législations et des situations, et une chaude, la concurrence.

C'est ce qui fut fait, sous la pression de Bruxelles, excipant d'un prétendu devoir moral d'intégrer les ex-esclaves de l'URSS disparue en 1991, pour intégrer dès 2004 dix PECOs sous-développés dans l'UE. C'est ainsi que l'Allemagne put délocaliser ou sous-traiter sa production, par exemple en Pologne. C'est aussi pourquoi elle s'est préparée à une compétition accrue avec le torpillage complet de sa « justice sociale » via les lois Hartz (dès 2004 aussi). C'était une stratégie non coopérative, comme, ensuite, la « TVA sociale de trois points de Mme Merkel.

Avec ces lois on obtenait un double marché du travail : un qualifié, bien payé, à temps plein et stable, essentiellement masculin dans l'industrie, et un précaire, peu payé, à temps partiel, sans protection sociale et surtout féminin dans les services afin de subventionner ladite industrie qui pouvait ainsi externaliser et délocaliser sa production. Ces lois non coopératives et compétitives forcent les autres pays à abaisser leur protection sociale et cela dans une spirale sans fin.

L'Allemagne pouvait anticiper puisque c'est elle qui fixait les règles du jeu. Elle a même compris qu'il fallait un logement à bas prix pour abaisser les rémunérations suivant la loi de Ricardo : il faut diminuer le coût des subsistances des pauvres en important du blé pas cher pour pouvoir les payer juste assez (loi d'airain des salaires) pour qu'ils puissent survivre et se reproduire comme force de travail.

On a commencé dès 1951 (CECA) par mettre en place un ensemble juridique apparemment fédéraliste (internationaliste) de gestion sur des enjeux communs : le charbon et l'acier, puis l'atome, le nucléaire, puis la défense (CED refusée en 1954, notamment par la France). En même temps, les USA faisaient revenir l'Allemagne dans l'Europe, à la fois comme fer de lance contre le communisme et comme cheval de Troie du libéralisme économique. On a continué en 1957 (Traité de Rome avec six pays) sur un mode faussement fédératif concentré sur un espace économique commun, avec préférence communautaire ; on a ensuite admis d'autres pays d'obédience libérale et démocratique (GB, Espagne, Irlande, etc.).

Pendant cette longue période de construction progressive de l'Union européenne, les autres pays, France en tête, ont laissé à l'Allemagne la liberté indue de violer trois fois les principes de l'union :

1) On a admis que la Constitution allemande contienne l'ordolibéralisme, c'est-à-dire un régime économique (celui de « l'économie sociale de marché ») alors que cela ne doit pas figurer dans une Constitution. Par exemple, celle-ci peut afficher comme finalité la prospérité, mais comme le libéralisme

concurrentiel n'est pas le seul moyen pour y parvenir, il ne faut pas l'y graver. Ce qui est manifestement un parti pris ordo-libéral (OL). Une Constitution, cela définit la forme du gouvernement, celle du régime électoral, les valeurs, les principes, les finalités d'un pays. Cela n'a pas à imposer un modèle d'économie, lequel, du reste, ne peut pas être considéré comme éternel ni universel comme le prétend l'OL. Mine de rien cette acceptation a une conséquence considérable : toutes les règles européennes sont conformes à celles exigées par la Constitution des Allemands. En effet, l'Allemagne étant une démocratie parlementaire et un État de droit, les projets de lois, y compris ceux de l'UE, doivent passer devant la Cour constitutionnelle de Karlsruhe, qui refusera toute directive non conforme au droit allemand. Donc droit teuton et droit européen sont forcément conformes l'un à l'autre et vice versa.

2) En 1963, le traité de l'Élysée entre Paris et Bonn (dont une défense commune hors Otan) est aussitôt annulé par le parlement allemand sans que de Gaulle proteste. Dès lors, l'Allemagne commence à se croire tout permis, surtout parce qu'elle est soutenue toujours et encore par les USA.

3) En 1964, la CJCE (devenue CJUE) décide par un coup d'État juridique hors de sa compétence que les directives et règlements européens sont supérieurs, en tant que droit international, au droit des pays membres. Ce morceau de mandibule de la mâchoire UE sera bien utile pour avancer vers un SLC automatique en Europe. Dès lors, la CJCE devient le bras armé de l'UE pour imposer les directives ordo-libérales à tout le monde. Un gouvernement des juges est ainsi mis en place afin d'appliquer le droit positif ordo-libéral de l'UE.

Puis, cela a ronronné tout en mettant en place une concurrence « libre et non faussée », en interdisant les subventions étatiques aux entreprises (pas aux banques, par exemple régionales des länder allemands qui furent ensuite omises de l'union bancaire créée à cause de la crise des *subprimes*, en 2008). En 1986 fut décidé « l'acte unique », acte qui créa la libre circulation de tout (capitaux, produits et services, travailleurs) dans la CEE, non seulement en Europe, mais dans le monde entier. Cette libre circulation des capitaux a signé le démarrage en Europe de la financiarisation des économies. Le libre-échange sans limites associé aux jugements de la CJCE fut alors insuffisant. Cette première mâchoire de l'étau procapitaliste et financier demandait « en même temps » une rigueur budgétaire qui fut imposée par le pacte de stabilité (critères de convergence édictés dans le traité de Maastricht en 1992 ; 3 % du PIB maximum de déficit budgétaire annuel, dette publique à 60 %). Concurrence totale, acte unique et stabilité, zone financière, donnèrent enfin l'étau tout entier : mandibule avec la course au moins-disant concurrentiel et mâchoire fixe avec la stabilité financière. Cette mâchoire implacable et automatique donne les variables de commande de l'UE. Il ne reste plus alors aux États enfermés dans cet étau institutionnel et juridique que des variables secondaires d'ajustement ou d'action tactique, qui, comme par hasard, demandaient l'unanimité du Conseil européen. Il en est ainsi pour la fiscalité ou les dépenses du domaine social comme la Sécurité sociale (rappelons que les dépenses sociales de la France représentaient en 2023 31 % d'un PIB de 2 900 milliards ; en 2024, 800 pour la Sécu, dont 400 pour les retraites) ou le temps et les conditions de travail.

Cela signifiait en fait que les États devaient adapter leurs règles internes pour jouer au grand jeu de la compétitivité externe. Et cette contrainte imparable fonctionnait toute seule, car plus un État était capable de suivre les règles (stratégie compétitive) et diminuait ses avantages sociaux, plus les autres devaient l'imiter dans une course sans fin. C'est ce que les gouvernants français avaient appelé de leurs vœux comme « contrainte extérieure ». Cela permettait des réformes pro-SLC sur le thème : ce n'est pas ma faute, c'est celle de l'Europe. L'Allemagne n'a pas pris le pouvoir, les autres pays le lui ont abandonné.

Cet étau inexorable et automatique, les dirigeants de l'UE (dont VGE, né à Koblenz) tentèrent en 2005 (TCE alors refusé, notamment par le peuple français) de le graver dans le marbre constitutionnel, façon ordo-libérale. Cela fut réalisé en 2009 (traité de Lisbonne), en abandonnant la prétention constitutionnelle. C'est dans ce traité que figure un assouplissement vers un peu de fédéralisme (un parlement muni de compétences et de codécision), avec bien davantage de sujets réglés à la « majorité qualifiée ». La règle de l'unanimité, dont l'avantage était de diviser, car tout pays, même fort petit, pouvait user de son droit de veto (ce qui fut le cas pour la fiscalité, ce qui a permis la création de paradis fiscaux en Europe), avait un inconvénient important : elle empêchait une hégémonie politique camouflée en union fédérative. Augmenter la prise de décision à la majorité qualifiée permettait enfin de donner le leadership pour l'UE à l'Allemagne. Elle seule peut obtenir la majorité qualifiée : via ses clients prébendiers des PECOs (notamment avec les travailleurs détachés de la directive Bolkestein de 1996), via le soutien des petits pays d'Europe du Nord, forcés d'exporter pour vivre, car leur demande interne est insuffisante compte tenu de la productivité des moyens modernes de production et généralement luthériens. En outre l'Allemagne bénéficie de l'aide des pays qui tiennent beaucoup au parapluie US contre le retour de la Russie (pays baltes, par exemple), de l'appel aux paradis fiscaux utiles au placement des bénéfices des entreprises allemandes. L'Allemagne en a profité pour noyauter la Commission de Bruxelles, ce qui explique (majorité et Administration) que toutes les décisions prises par l'UE, depuis le traité de Lisbonne, notamment les traités internationaux de commerce, favorisent l'industrie allemande (chimie, autos, machines-outils, métallurgie, etc.) contre les agricultures du Sud. On en a eu un autre exemple avec la défense du diesel tudesque impliqué dans des trucages. À ce sujet, on a vu l'intérêt de la « *mitbestimmung* » : la collaboration de classe, car les représentants des salariés, par exemple, au CA de Volkswagen, défendirent lesdits trucages.

Mais l'étau pouvait être désamorcé par des évolutions monétaires et des taux de change, ce qui était un atout encore possible de manifestation de souveraineté de pays plus ou moins récalcitrants (comme en 2005, où France, Irlande et Pays-Bas avaient voté contre le TCE). Aussi, la BCE ayant été demandée depuis longtemps (par les gouvernants français voulant exciper de « la contrainte extérieure) fut enfin acceptée par les Allemands qui en virent tout de suite l'intérêt si elle était réalisée à leurs conditions, ce qui fut fait. Ainsi, la ceinture SLC-Stabilité a été complétée par les bretelles de la BCE, de l'euro comme monnaie unique, du flou Euro-group. C'est une démonstration du caractère juridique de la confédération commerciale d'États qu'est l'UE. Avec la BCE, il n'y a que des pays qui ne peuvent pas s'entraider (les mutualisations de dettes, les prêts, les avances de la BCE sont interdits) ; ils doivent chacun, tout seuls, régler leur stabilité financière, leur endettement, leur façon d'être compétitif et assurer l'équilibre de leur balance commerciale. Pas de coopération, pas de solidarité, comme l'a si bien constaté la Grèce en 2010. En outre, la BCE ne s'occupe que de limiter l'inflation à 2 % par an. Mais cela ne concerne que les prix, les salaires, les obligations d'État. Pour ne pas gêner la spéculation financière, la financiarisation des économies, la BCE n'a pas à s'occuper des titres financiers, ni de la spéculation immobilière, ni des énormes écarts des balances commerciales, ni des écarts des taux d'intérêt entre pays. Il ne faut pas ennuyer la finance mondiale ni les banques.

Vous me direz qu'il reste bien des pays hors zone euro en plus de l'hétérogénéité de ladite zone. Oui, mais ces deux aspects sont sûrement voulus. Déjà, c'est un énorme moyen de pression : si vous voulez entrer dans la zone, il faut montrer patte blanche. C'est « en même temps » la porte laissée ouverte à des opérations spéculatives juteuses pour les pays (même en zone euro, mais atteints par l'inflation) ou les banques qui ont de l'argent. Voyons comment. L'Allemagne reçoit des travailleurs détachés (TD) polonais payés 4 € de l'heure, logés dans des baraquements façon stalags afin de doper son agriculture hyperproductiviste, notamment sa production de cochonnailles et de patates. Car 4 € donnent au moins 8 zlotys, ce qui devient un pactole eu égard au salaire moyen en Pologne qui n'a donc aucun intérêt à adopter l'euro. Grâce à la différence de monnaie, nous avons donc deux pays contents : l'Allemagne qui peut produire à bas prix et la Pologne. C'est ainsi qu'avec des fermes industrielles de 10 000 cochons sur caillebotis et des TD, l'agriculture teutonne sans qualités a dépassé la française des AOP et des petites fermes. Itou pour les fermes de vaches hollandaises pissant du lait sans matière grasse pour les fromages plâtreux de Lactalis.

La BCE ne tient pas compte des différentiels d'inflation internes à l'UE, mais de la valeur de l'euro sur le marché international. Ainsi, l'inflation en Grèce faisait qu'un prêt rapportait un taux d'intérêt bien supérieur au taux moyen de l'euro. Si on avait de l'argent à placer, il était donc préférable de spéculer en prêtant en Grèce. Ce qui s'est écroulé quand ce pays a failli faire faillite, en 2010. L'Allemagne aux excédents commerciaux considérables (238 milliards en 2018) pouvait en placer une bonne partie en spéculation en Grèce, pourtant pays de la zone euro. On voit là l'intérêt de l'euro unique pour tout le monde tout en se faisant passer pour des libéraux. Signalons au passage que l'Allemagne qui dépasse depuis longtemps le taux maximal de 6 % du PIB en excédent commercial (règle de l'UE) n'a jamais été sanctionnée pour ledit excédent commercial ! Les banques universelles françaises, ayant aussi massivement investi en Grèce, furent soutenues par le gouvernement Hollande lors de la création, en trump-l'œil, de l'Union bancaire et lors de la faillite de la Grèce.

On voit donc que cette Europe financiarisée, libre-échangiste, sans régulation, unie par un but qui la divise, pro-SLC, sans protection, car ouverte à tous les vents mauvais de la concurrence internationale, doit changer. Le SLC néolibéral et de plus en plus financier ne peut pas continuer de tuer la planète, les modèles sociaux, la souveraineté des pays. C'est pourquoi la France doit proposer un autre modèle, notamment au sein d'une UE. Cette UE doit, pour devenir souveraine dans un concert des nations actuellement fondé sur la force, abandonner l'ordolibéralisme, le productivisme, la concurrence absolue, la monnaie unique en adoptant le fédéralisme intégral (politique, juridique, économique, écologique, social). Elle doit en finir avec un centre interne à la fois néolibéral et monopoliste. Les alliés ne devraient pas manquer… Sinon, l'UE disparaîtra par suite de ses divisions et de son mercantilisme ordo-libéral, car prise en tenaille par trois blocs concurrents : celui des totalitarismes (ou démocratures illibérales ; Russie, Iran et alliés, BRICS et grand Sud sauf la Chine), celui des Anglo-Saxons et alliés (notamment Japon, Philippines, Thaïlande, Arabie saoudite, Israël, etc.), piloté par les USA et celui de la Chine (et sa périphérie : Vietnam, Laos, etc.) voulant récupérer sa place de premier pays au monde. L'Europe doit devenir souveraine et fédéraliste pour faire face à ces blocs.

En outre, il est urgent et impératif d'en finir avec un SLC qui rend incompatible la défense de la terre et des acquis sociaux. En effet le SLC, non seulement a détruit le climat, mais aussi les systèmes sociaux ou lois environnementales nuisant à la compétitivité dans la concurrence mondiale. Et il a suscité l'apparition des populismes illibéraux. La menaçante apocalypse est donc double : climatique, sociale et politique. La France a été un des pays qui a le plus souffert de l'ordolibéralisme européen : perte de souveraineté, notamment industrielle et agricole, désindustrialisation, dégradation des services publics (dont absence totale de politique sociale du logement santé et de psychiatrie), domination par la finance, gonflement du RN et du populisme de droite. Voilà quelques idées pour que la France puisse se battre, tout en restant au sein de l'UE pour lutter contre le SLC. Le processus d'évolution du système-monde, que personne ne peut contrôler puisque sa logique est automatique, a amené à une catastrophe. Le SLC est moribond (et les droits de douane à la Trump vont l'achever) : il a cassé les systèmes sociaux, conduit à la précarité et à la pauvreté, suscité des démocratures et des populismes nationalistes illibéraux, fondé la guerre commerciale de tous contre tous, rangé le grand Sud contre l'Occident, créé un ennemi mortel, à savoir la Chine. Il a tué le climat et la nature, qui sont en train de se venger. Il a ramené la rareté des ressources et a accéléré et aggravé la guerre de tous contre tous pour se les approprier. Dès lors, on ne comprend pas pourquoi elle ne change pas de modèle, sauf si on considère que sa plus grande puissance, à savoir l'Allemagne, repose dessus et qu'elle est le fidèle toutou du centre US dominant le monde. Ce n'était pas déterminé par l'économie en dernière instance, mais c'est ce qui s'est passé. L'abîme et sa genèse sont fortuits à partir du moment où, grâce à la dérégulation votée par des politiciens néolibéraux, le SLC est devenu automatique. La France doit prendre l'étendard de la lutte contre la logique SLC en Europe et en finir avec le prétendu couple franco-allemand. Celui-ci a été symbolisé par le pâté d'alouette montré à Douaumont en 1984 : l'énorme taureau de Bavière (Kohl) « la mano en la mano » avec le roitelet franciscain Tonton ! Même si la France n'est pas écoutée, elle doit :

– Sortir de la contrainte extérieure des milieux financiers internationaux. Ce n'est pas si compliqué, car il suffit de supprimer ses moyens de contrainte. On commencera par rembourser la dette publique extérieure. Comment ? Par un emprunt national perpétuel et forcé sur toutes les fortunes supérieures à 150 000 euros, emprunt dont le taux sera progressif en fonction du montant de la fortune, pouvant aller jusqu'à 10 % sur les très grosses. Le taux d'intérêt est de 1 point au-dessus de l'inflation. Il s'agit de calculer les choses en fonction du niveau de la dette extérieure à rembourser. On n'empruntera plus à l'étranger, mais on profitera de notre épargne intérieure, nettement supérieure au montant du PIB (plus de 6 300 milliards d'euros, en 2024).

– Une fois la contrainte extérieure éliminée, on peut et on doit sortir de la zone euro qui a été spécialement construite suivant les règles teutonnes. La valeur de l'euro est une moyenne trop faible pour l'Allemagne, ce qui facilite son mercantilisme, et trop forte pour la France, qui a perdu sa souveraineté monétaire (droit de dévaluer) pour compenser les différentiels en tout genre avec la concurrence. Dévaluer nous permettra de limiter l'arrivée de produits inutiles, renchérira les importations et conduira à moins de consommation et à plus de frugalité. Cela protégera « en même temps » la renaissance de notre souveraineté industrielle et agricole. On pourra aussi réinstaurer un contrôle des changes, mais sans froisser la cheffe de l'UE. Comment ? Il suffit de créer une banque d'échange et de crédit pour le réseau des entreprises. Sa monnaie est un nouveau franc, dont les sommes sont rédigées sur les lettres de change entre échangistes membres dudit réseau. Cette banque reçoit les devises perçues pour les exportations et sert les fonds nécessaires aux importations ; quand le solde est négatif, on ne peut plus importer. Les exportations de capitaux en dehors du pays sont lourdement taxées.

– Taxer les sorties de capitaux non liées à une importation de façon progressive en fonction du montant. Sans trop de contrainte extérieure, on peut remettre l'imposition IRPP des revenus des capitaux au niveau de ceux du travail. On doit interdire les investissements de l'épargne française hors de l'UE.

– Réserver les commandes publiques à des fournisseurs internes. On doit se souvenir de ce que le SLC est fondé sur une concurrence qui cible les différences (de fiscalité, de coût de main-d'œuvre, de normes et protections sanitaires, écologiques et sociales, de productivité) pour permettre un calcul coûts/bénéfices sélectionnant le moins-disant. Le SLC repose aussi sur un espace où tout est permis au Capital, y compris une spéculation qui se fait au détriment de la production et des travailleurs. Un contre-SLC suppose que notre pays, tant en interne qu'au sein de l'UE, démolisse au maximum cette logique.

– Interdire tous les instruments et procédés de spéculation, à commencer par le LBO, la titrisation, les produits financiers dérivés et les Bourses de produits agricoles, façon Chicago, les millefeuilles de titres de dette boursiers imaginés par les Goldman Sachs.

– Séparer radicalement la partie affaires des banques de celles de dépôts ; cette combinaison, chère aux banques « universelles » favorisées par Hollande, permet d'investir aux USA ou ailleurs (ni en France ni en Europe) et de spéculer.

– Obliger les entreprises à sortir leurs frais de publicité, de communication, de relations publiques des dépenses d'exploitation (cela diminue les bénéfices), de façon qu'elles ne soient payées que sur les bénéfices après versement de l'impôt sur les sociétés. Cela limitera la pub. Qui est le moyen par lequel le SLC pousse à la consommation de façon de plus en plus sournoise et vicieuse afin d'écouler ou doper la production.

* Réduire drastiquement les subventions, crédits (exemple les presque 10 milliards du crédit d'impôt-recherche !) et détaxations (pas de cotisations sociales en dessous de 1,6 SMIC) en faveur du capital. Il y en a pour 211 milliards, chiffre qui vient d'être publié suite à une commission d'enquête du Sénat, par an. Le patronat est prompt à se plaindre des impôts et cotisations qu'ils paient en oubliant les subventions qui les annulent le plus souvent. Pour qui ? Évidemment pour les grosses boîtes et autres multinationales, pendant que les PME, PMI, artisans, TPE payent plein pot. Supprimer les niches fiscales (plus de 400 pour plus de 85 milliards) non justifiées par une utilité socio-économique.

– Remplacer toutes ces subventions et aides par une détaxation à l'exportation comme pour la TVA. Remplacer les droits de douane par des droits compensateurs des différentiels de normes en tout genre. On peut faire un calcul approximatif de tout ce qui, imposé en France, renchérit les charges du pays et les coûts vis-à-vis de la concurrence. On en sort un taux moyen à appliquer aux importations (et le même taux de détaxation est appliqué à l'export). Il faut pour cela mettre en place une administration anti-dumping. Instaurer une taxe kilométrique proportionnée à la distance parcourue par les produits ou leur ingrédient principal. Interdire les produits hors saison. Et, surtout, afin d'éviter la concurrence déloyale ou en position d'infériorité, remettre la douane aux frontières françaises en place. Ainsi sera interdite l'entrée de toute production contenant, ou obtenue avec, un produit prohibé en France. Voilà qui ne plaira pas aux thuriféraires du libre-échange sans limite en Europe !

– Si la France est mal armée dans la concurrence, c'est qu'elle est dirigée par une armada de hauts fonctionnaires, centralisatrice, normalisatrice, notamment située dans les 1 100 agences ou comités « Théodule » où le gouvernement se défausse de ses responsabilités sur des partenaires du privé qui y siègent et font passer leurs intérêts et ceux du pouvoir avant ceux du pays. Il faut rogner les ailes de « cette noblesse d'État » (Bourdieu) assise sur la fausse méritocratie de l'accès aux séminaires de l'aristocratie (Proudhon). Elle est aussi victime de la politicaillerie assise sur le millefeuille des compétences territoriales (communes, départements, régions, État) et sur 1 million de fonctionnaires de plus qu'en Allemagne (82 millions d'habitants contre 67). Cela produit une infinité d'élus et des doublons et de la corruption ou des dépenses de gloriole somptuaire. Premières choses à faire : supprimer le département et obliger à un grand regroupement de communes pour atteindre au moins 20 000 habitants. Nos élus sont attachés aux signes de prestige. Solution : supprimer les bagnoles, les « frais de bouche », les porte-parapluies, les huissiers à chaîne, les gardes ripoublicains, les escortes, etc. Les forcer aux dépenses personnelles et à la sobriété comme dans les démocraties européennes du Nord. Les buts sont de diminuer les dépenses inutiles et trop fastueuses et de rompre le cercle infernal d'une administration qui justifie sa place en produisant bien trop de normes et de complications.

* Être écologique réellement. La défense écologique du pays doit primer, de même que celle de la biodiversité : interdiction d'exporter les bois de la forêt française (métropole, DOM-TOM et territoires d'outre-mer) ; alors que la France dispose du deuxième territoire maritime mondial, interdiction d'importer du poisson et sabordage immédiat de tout navire de pêche étranger dans nos eaux territoriales.

– Étendre nos normes sanitaires, de qualité et écologiques ou de biodiversité ou de bien-être animal au-delà de celles de l'Europe. En qualité, par exemple, il faut interdire le lait des pisseuses Prim'Holstein sans assez de matières grasses (spécialité de Lactalis), en matière sanitaire, les œufs à la dioxine, la viande aux hormones et aux antibiotiques, les carcasses au chlore, la viande de cheval de réforme à la roumaine, le soja et le maïs OGM à la Monsanto-Bayer. En bien-être animal (et santé), on interdit toute importation de produits animaliers (viande, lait, laine, peaux) venant d'élevages en batterie industrielle. On interdit l'emploi de pesticides dangereux, notamment les néonicotinoïdes, pour les animaux, les plantes, les insectes, les animaux. Ces normes doivent être contrôlées.

* Instaurer une taxe kilométrique progressive en fonction de la distance parcourue. Par exemple de 1 % pour 50 à 100 km, de 100 % pour plus de 1 000 km. Cette taxe est doublée en cas de transport par camion et triplée pour l'avion. Cette taxe protège le climat (moins de dioxyde de carbone), nuit aux importations hors saison de produits exotiques, que du reste les DOM-TOM produisent ou peuvent produire, mais à des coûts supérieurs. Le SLC a entrepris de refiler au privé les secteurs publics juteux tout en les soumettant à la concurrence. Contre cela notre pays établit une liste de biens communs socialisés (enlevés à l'État et au privé), mutualisés, autogérés et fédérés ; curieusement cette liste comporte bien des secteurs publics actuellement abandonnés à la voracité privée ou des branches nécessaires à la conservation de la souveraineté : la terre et l'agriculture, la mer et la pêche, l'énergie, le sous-sol (gisements), les eaux, le travail, le logement, la pharmacie et la santé, le crédit, les assurances ; liste non limitative à faire étudier.

Voilà d'autres idées pour lutter contre l'envahissement par la privatisation et la concurrence.

– Sortir du marché européen de l'électricité (ce que d'autres pays ont déjà fait). Ce marché purement libéral a été installé sous la pression allemande. En effet le prix de l'énergie est un avantage compétitif. Les comparses de l'Allemagne à la Commission de Bruxelles sont en train de la manipuler pour faire attribuer à la concurrence privée les concessions des grands barrages hydrauliques français ! Les Allemands ont obtenu de Bruxelles que le prix de l'électricité soit indexé sur celui du gaz. D'où sa flambée quand ils durent abandonner le gaz russe pour cause de guerre russe en Ukraine. Du reste, ce marché est un non-sens, car il rabat une industrie très coûteuse en capital et de très long terme sur les prix très volatils du gaz, lequel est en plus une ressource fossile !

– Imposer à tous les traités internationaux de commerce des clauses environnementales et sociales et des tribunaux publics pour arbitrer les différends (le Mercosur n'en contient pas ; serait-ce pourquoi le nouveau chancelier Merz voudrait que Macron le signe ?).

– Revenir à une forte régulation de la production de logements par les puissances publiques hors lois du marché immobilier privé, soumis à la spéculation.

– Socialiser, mutualiser et fédérer tous les domaines relevant de la sphère du bien commun au lieu de la nationaliser, étatiser ou privatiser.

– Supprimer l'abominable régime de la concession de service public, tel le service des eaux. Ce régime est fondé sur le profit privé, la corruption des autorités concédantes et sur l'expropriation des concessionnaires qui ont le plus souvent fait payer leurs installations par les usagers, comme pour la CNR.

– Protéger le travail muni de protections en interdisant dans le Code du travail toutes les solutions hyperlibérales de type Uber, Deliveroo, Uber Eats, etc. Tous les frais et les risques sont sortis de la plateforme de mise en relation fournisseur-client et reportés sur les salariés comme, autrefois, dans le travail à domicile. Ce ne sont que quelques idées à compléter. Mais en avez-vous vu chez ceux qui prétendent déjà à nos suffrages de 2027 ?

Tout cela, ce sont des mesures de court terme à prendre illico afin de contrer les réactions des puissants pour faire perdurer le SLC, notamment en Europe. À plus long terme, il nous faut un projet global de changement. Il existe déjà et c'est le fédéralisme intégral et autogestionnaire de Proudhon (voir mon essai *Projet de socialisme libertaire anticapitaliste*, L'Harmattan, 2020). Je le redéfinis, pour l'actualiser, en socialisme libertaire ou anarchisme sociétaire structurel (notamment des structures juridiques). Le problème numéro 1 est d'assurer une véritable démocratie. En effet, si la démocratie peut être captée par les puissances économiques (la finance, les multinationales, les GAFAM…), alors on peut être certain que le SLC et la destruction de la planète continueront. Or la démocratie libérale et représentative, atomistique et individualiste, facilite l'emprise du pouvoir économique sur la société civile via des politiciens néolibéraux légalement élus, mais pas légitimes, car leurs intérêts sont contraires à ceux du peuple. Cette pseudo-démocratie sépare tout (économique, politique, culturel, social) et procure un chèque en blanc à ses politiciens pour recoller les morceaux et décider de tout à la place des structures sociales concernées. Contre cela, Proudhon préconise la récupération de son pouvoir par chaque acteur de la société civile (généralisation et décentralisation du pouvoir comme de la possession des biens) et un fédéralisme intégral, c'est-à-dire concernant tous les aspects de la vie sociale, notamment l'éducation, qu'il attribue à un quatrième pouvoir élu, le pouvoir enseignant. C'est pourquoi le vote est organisé comme représentation des intérêts des groupements sociaux réels et non comme droit individuel de vote pour l'élection d'un représentant (qui chez Proudhon devient un délégué chargé de remplir mission confiée par le groupe qui l'élit). Le socialisme libertaire et fédératif est fondé sur des valeurs, dont la principale est la Justice. Celle-ci est l'échange égal en économie (mutualité, réciprocité, coopération, entraide), l'égale participation de tous à la prise en charge de la société (*Res publica*) avec équilibrations des pouvoirs et des rapports de force en politique, l'égale dignité et le droit au respect mutuel pour chacun dans le domaine de la culture, de la morale collective et des relations existentielles. Vaste programme comme dirait le Général, dont les prétendus socialistes, plus ou moins sociaux-démocrates, se sont séparés depuis longtemps.

Ouvrages de l'auteur

À propos de l'État, l'Harmattan, 2025

Proudhon économiste contemporain, L'Harmattan, 2024

Pour un socialisme libertaire, l'Harmattan, 2024

Les liens sociaux en univers néolibéral, l'Harmattan, 2024

La lutte de l'instituant et de l'institué, L'Harmattan, 2023

Pour un changement anticapitaliste de société, L'Harmattan, 2022

Scénarios pour un néolibéralisme bien malade, L'Harmattan, 2021

Comment va le système capitaliste ?, L'Harmattan, 2021

Pour un projet libertaire anticapitaliste, L'Harmattan, 2020

Le système libéral-capitaliste moderne, L'Harmattan, 2020

Pensée moderne et changement de société, L'Harmattan, 2020

Chroniques macroniennes, Édilivre, 2018

Nouveaux propos sur l'éducation, Vérone, 2018

Comprendre, détruire, reconstruire, Éditions Libertaires, 3 volumes, 2014-2015

De la Justice, Éditions Libertaires, 2013

Des causes de la crise, modèle libéral et projet proudhonien, Éditions Libertaires, 2010

Petit imprécis de (contre) libéralisme, Éditions Libertaires, 2009

Misère du droit, Édilivre, 2009

2084, Édilivre, 2008

Agir ensemble dans un monde partagé, L'Harmattan, 2005

Agir avec Proudhon, Chronique sociale de France, 2005

Le libéralisme totalitaire, L'Harmattan, 2001

La juste démocratie, L'Harmattan, 1995

Le mythe EDF (sous le pseudo Charles Reynaud), L'Harmattan, 1992

Qu'est-ce que le pouvoir politique ?, Anthropos, 1982

Défense et actualité de Proudhon, Payot, 1976

Structures éditoriales du groupe L'Harmattan

L'Harmattan Italie
Via degli Artisti, 15
10124 Torino
harmattan.italia@gmail.com

L'Harmattan Hongrie
Kossuth l. u. 14-16.
1053 Budapest
harmattan@harmattan.hu

L'Harmattan Sénégal
10 VDN SICAP AMITIE 3
BP 45034 Dakar-Fann
direction@senharmattan.com

L'Harmattan Cameroun
Tsinga/Derrière polyclinique FECAFOOT
BP 11486 Yaoundé
Jacques.koukam@harmattan.fr

L'Harmattan Burkina Faso
Villa 281, secteur 23 623, rue 14.32
Ouagadougou
zagbie@outlook.fr

L'Harmattan Guinée
Almamya, rue KA 028 OKB Agency
BP 3470 Conakry
harmattanguinee@yahoo.fr

L'Harmattan RDC
185, avenue Nyangwe
Commune de Lingwala – Kinshasa
matangilamusadila@yahoo.fr

L'Harmattan Congo
219, avenue Nelson Mandela
BP 2874 Brazzaville
deunovmikhael@gmail.com

L'Harmattan Mali
Immeuble Mgr Jean Marie Cissé
Aci Hamadallaye
BP 145 Bamako
syllaka@yahoo.fr

L'Harmattan Togo
Djidjole – Maison Amela
face EPP BATOME
02 BP 20680 Lomé
didieramela11@gmail.com

L'Harmattan Côte d'Ivoire
Résidence Karl – Cité des Arts
Abidjan-Cocody
03 BP 1588 Abidjan
harmattan.ivoire@gmail.com

L'Harmattan Bénin
Rue 604, (Immeuble à l'entrée
de la rue UCAO- Cite de Saint-Jean)
Cotonou
stepcorpus@gmail.com

Nos librairies en France

Librairie internationale
16, rue des Écoles
75005 Paris
librairie.internationale@harmattan.fr
01 40 46 79 11
www.librairieharmattan.com

Librairie des savoirs
21, rue des Écoles
75005 Paris
librairie.sh@harmattan.fr
01 46 34 13 71
www.librairieharmattansh.com

www.ingramcontent.com/pod-product-compliance
Lightning Source LLC
LaVergne TN
LVHW010021081026
849535LV00016B/2105
* 9 7 8 2 3 3 6 5 7 0 6 2 4 *